esotera

Taschenbuch
im Verlag Hermann Bauer

Der *Steinkreis* wird von den mitgebrachten Steinen der Ritualteilnehmer gebildet. Er dient als Grundlage für Visualisierungsübungen oder als Einstieg für Trancereisen, um Krankheiten zu heilen oder Probleme zu lösen (s. S. 144).

Daan van Kampenhout, 1963 geboren, ist Gründer des *Dutch Institute for Shamanism and Ritual.* In seiner Praxis in Den Haag arbeitet er auf schamanisch-therapeutischer Ebene mit Opfern sexuellen Kindesmißbrauchs. Aufgrund seiner eigenen negativen Erfahrungen in der Kindheit suchte er schon früh nach geeigneten Therapiemethoden und kam dadurch 1981 in Berührung mit schamanischem Heilen und suchte Kontakt mit traditionellen schamanischen Heilern. Des weiteren veranstaltet er Seminare für Männergruppen, in denen er nach schamanischen und druidischen Prinzipien arbeitet.

Daan van Kampenhout

Heilende Rituale

Verbesserung der Lebensqualität

Verlag Hermann Bauer
Freiburg im Breisgau

Die Deutsche Bibliothek – CIP-Einheitsaufnahme

Kampenhout, Daan van:
Heilende Rituale : Verbesserung der Lebensqualität /
Daan van Kampenhout. [Dt. von Helga Schenk
(nach der überarb. Version der engl. Übers.)]. –
1. Aufl. – Freiburg im Breisgau : Bauer, 1996
  (esotera-Taschenbuch)
  Einheitssacht.: Rituelen ⟨dt.⟩
  ISBN 3-7626-0682-X

Die holländische Originalausgabe erschien 1993
unter dem Titel *Rituelen* bei Bres publishers, Leidsegracht 8,
1016 CK Amsterdam, Niederlande.
© 1993 by Bres BV

Deutsch von Helga Schenk (nach der überarbeiteten
Version der englischen Übersetzung)

Die Reihe *esotera-Taschenbuch* erscheint im
Verlag Hermann Bauer KG, Freiburg im Breisgau

1. Auflage 1996
© für die deutsche Ausgabe 1996 by
Verlag Hermann Bauer KG, Freiburg im Breisgau
Alle Rechte der deutschen Ausgabe vorbehalten
Umschlag: Peter Krafft, Designagentur, Freiburg im Breisgau
Umschlagfoto: Trefzer foto design
Satz: Fotosetzerei Scheydecker, Freiburg im Breisgau
Druck und Bindung: Clausen & Bosse, Leck
Printed in Germany

ISBN 3-7626-0682-X

Gedruckt auf chlorfrei gebleichtem Papier

Für David, Ruben, Bor und Gabriel.

Inhalt

Kapitel 1

Über Rituale

Kapitel 2

Tradition und Erneuerung

Kapitel 3

Die Durchführung von Ritualen

Kapitel 4

Rituale leiten

Kapitel 5

Rituale und Übungen

Ein Wort des Dankes

Mehrere Leute haben mein Manuskript für dieses Buch gelesen und kommentiert. Dies sind Elsje van Beek, Lize van Dam, Marleen van Engelen und Walter van Rijn. Obwohl ich nicht alle ihre Vorschläge übernommen habe, bin ich ihnen dankbar für ihr Feedback.

Mein besonderer Dank geht an Myriam Ceriez für ihre hilfreiche Unterstützung und ihr großes Engagement in der Zeit, als das Buch anfing, Gestalt anzunehmen, und an Oscar David.

Es ist nicht einfach, alle zu nennen, die meine Arbeit und damit auch dieses Buch mitbeeinflußt haben. In der alltäglichen Wirklichkeit danke ich White Morning Star, die mich Heilen gelehrt hat, Louisah Teish, die mir Verantwortung beigebracht hat, und Chohan Neale, der mich Vertrauen gelehrt hat. Darüber hinaus möchte ich Ivana Caprioli danken, die ein lebendiges Beispiel für Mut ist.

In der nichtalltäglichen Wirklichkeit geht mein besonderer Dank an die Lehrer der Loge der Ahnenschamanen.

Innigsten Dank auch allen Lehrern und Helfern der vier Himmelsrichtungen und der drei Welten.

Vorwort

Dieses Buch wurde für alle geschrieben, die sich für Rituale interessieren, ob sie nun bereits damit arbeiten, damit anfangen wollen oder beginnen möchten, sie bei der Leitung von Gruppen zu verwenden. Wenn du glaubst, Rituale können dir etwas bieten, dann wurde dieses Buch für dich geschrieben.

Da ich den Schwerpunkt vor allem darauf lege, Rituale im Hier und Jetzt anzuwenden, bin ich auf die Einzelheiten der traditionellen Rituale aus anderen Kulturen nicht näher eingegangen. Es gibt bereits Hunderte von faszinierenden Büchern zu diesem Thema für alle, die sich dafür interessieren. Tatsächlich war es die Flut von Material über traditionelle Kulturen, die mich dazu veranlaßt hat, ein Buch über die Leitung und Durchführung von Ritualen zu schreiben, die neu sind, gleichzeitig jedoch auf denselben grundlegenden Gesetzmäßigkeiten beruhen wie die traditionellen Rituale.

Größtenteils beschreibe ich Rituale, die meiner persönlichen Vergangenheit entsprungen sind. Es handelt sich dabei hauptsächlich um schamanische Heilungsrituale und Rituale, die ich bei meiner Arbeit mit Therapiegruppen benutzt habe. Als Beispiele führe ich häufig Rituale an, die ich selbst vollzogen oder meinen Patienten zur Ausführung empfohlen habe. Ich habe versucht ein Buch zu schreiben, das sowohl persönlich als auch inspirierend ist, ein Buch, das die Menschen dazu bringt, mit Ritualen zu arbeiten.

In diesem Buch wird auf die vielen verschiedenen Aspekte des Rituals eingegangen. Obwohl es als fortlaufendes Ganzes geschrieben wurde, können die Texte

auch einzeln in jeder beliebigen Reihenfolge gelesen
werden. Das bedeutet, daß der Leser jedes Mal, wenn er
etwas zu einem bestimmten Text nachschauen will, nur
das entsprechende Kapitel nachzulesen braucht. Das er-
spart ihm Zeit und Mühe, und er muß das ganze Buch
nicht noch einmal von vorne lesen, um den fraglichen
Text zu verstehen.

Das Buch wurde so geschrieben, daß sich die Kapitel
gegenseitig ergänzen. So ist es möglich, daß dasselbe
Thema in verschiedenen Kapiteln behandelt wird, allerdings aus verschiedenen Blickwinkeln. Im einen Kapitel
ist z.B. vom Wert der traditionellen Kulturen die Rede,
im anderen von den damit verbundenen Einschränkungen. Es mag manchmal so erscheinen, als verträte ich
widersprüchliche Meinungen, aber ich sehe es nicht so.
Ich möchte dem Leser, wo es angemessen erscheint,
durch das Aufführen einer Vielzahl von Gesichtspunk-
ten nur eine umfassende Vorstellung davon geben, was
es heißt, mit Ritualen zu arbeiten.

In diesem Buch wirst du manchmal auf Begriffe
stoßen, deren Bedeutung dir nicht bekannt sind. So benutze ich den Begriff »traditionelle Kulturen« zur Bezeichnung von Kulturen, Völkern und Stämmen, die im
Rahmen ihrer geistigen Tradition Heilungsrituale und
magische Rituale abhalten. Ich benutze diesen Begriff,
um Bezeichnungen wie »primitiv« oder »alt« zu vermeiden. Weiterhin verwende ich eine Reihe von Begrif-
fen, die ähnliche Bedeutungen haben, wie etwa »nichtalltägliche Wirklichkeit«, »andere Wirklichkeiten« und
»andere Welten«. Damit meine ich jene Bereiche, die
du erleben und in denen du sogar wirken kannst, wenn
du die Welt auf andere Art und Weise siehst, beispielsweise indem du dich in eine leichte Trance begibst. Ob
diese anderen Wirklichkeiten außerhalb unseres normalen menschlichen Bewußtseins tatsächlich existieren,
ist für mich nicht wirklich wichtig. Traditionelle Heiler
erleben diese anderen Wirklichkeiten als etwas, das un-

abhängig von ihnen selbst existiert. Ich erlebe sie ebenso, doch wer weiß, ob es nicht doch vielleicht ganz anders ist. Ich habe mich auf jeden Fall dazu entschieden,
die anderen Welten als Bereiche außerhalb der menschlichen Existenz zu beschreiben und nicht als innere
Wirklichkeiten.

Hie und da wird dir auch das Wort »Geist« begegnen.
Dieses Wort wird inzwischen in allen möglichen Bedeutungen verwendet. Ich meine damit die Kräfte der
Natur, der Helfer und Krafttiere aus den anderen Wirklichkeiten.

Meistens, aber nicht immer, habe ich in diesem Buch
männliche Wortformen gewählt (z.B. »er« statt »er/sie«
oder »sie«), da es immer noch die übliche Ausdrucks-
weise darstellt. Dies soll meinen Leserinnen gegenüber
in keinster Weise eine Beleidigung darstellen.

Daan van Kampenhout, Juni 1993

Einleitung

Es ist Sommer in Südfrankreich. August, ein wahnsinnig heißer und außergewöhnlich trockener Monat. Es hat schon viele Wochen nicht mehr geregnet, und die Bäume fangen an zu vertrocknen. Der alte Nachbar neben dem Zentrum, in dem wir wohnen, sagt, es werde diesen Sommer nicht mehr regnen, da die Erde so trocken sei, daß sie keine Feuchtigkeit vom Himmel mehr anziehen könne. Entweder bleibe es trocken, oder es gäbe eines der extrem starken Gewitter, für die diese Gegend von Frankreich bekannt sei.

Eine Gruppe von Teilnehmern aus verschiedenen Ländern hat sich zu einem Schamanenkurs zusammengefunden. Es ist unerträglich heiß, und nach ein paar Tagen fangen die Leute an, Witze darüber zu reißen, daß es langsam Zeit wäre, einen Regentanz aufzuführen. Da ich sehe, wie sehr die Pflanzen leiden, nehme ich ihre Witze als Herausforderung an: Können wir ein Ritual abhalten, das Regen bringt?

Ich erkläre meinen Geisthelfern die Situation. Ich erkläre ihnen, daß wir weder Trockenheit noch ein starkes Gewitter brauchen, sondern richtigen Regen, der mindestens einen Tag anhält. Meine Helfer zeigen mir ein Ritual: Wir können Regen machen, wenn wir es nur wollen. Wir müssen einzig und allein ihren Anweisungen folgen.

Am Abend erkläre ich den Teilnehmern, was wir machen werden. Jeder von uns muß sich vier Baumwollstreifen um beide Arme binden, die die Flügel darstellen. Wir müssen mit nacktem Oberkörper tanzen, und jeder von uns muß sich ein Gesicht auf den Bauch malen. Danach müssen wir sieben Feuer in dem Steinkreis auf dem Gelände des Zentrums entfachen und auf besondere Art und Weise mit genau vorgeschriebenen Bewegungen im Kreis herumtanzen.

Das Anbringen der Flügel und Bemalen der Bäuche macht allen viel Spaß. Ich erzähle meinen Schülern, was mir meine Geisthelfer mitgeteilt haben: Die Donnerwesen haben ein Gesicht auf ihrem Bauch. Daraus erhebt sich die Stimme, mit der sie Donner machen. Deshalb malen wir uns jetzt die Gesichter auf den Bauch. Wir laden den Donnervogel ein, wir tanzen mit ihm, und wenn wir seinen Tanz gut tanzen, wird er sich geehrt fühlen und uns Regen bringen.

Die Feuer werden entfacht, doch ein Wasserschlauch zum Löschen liegt für den Notfall in der Nähe. Aufgrund der Trockenheit ist das Risiko groß, daß wir alles in Brand stecken. Wir fangen zu trommeln an und tanzen 40 Minuten lang.

Als wir mit Tanzen fertig sind, verlassen manche sofort den Kreis, um duschen zu gehen, andere bleiben, um abzuwarten, was passiert. Innerhalb von drei Minuten nach dem letzten Trommelschlag dreht der Wind um 180 Grad. Wir sehen, daß der Rauch der Feuer jetzt nach Süden zieht anstatt nach Norden wie in den letzten paar Tagen. 15 Minuten später weht ein kräftiger, anhaltender Wind. Nach fünf Stunden fällt der erste Regen, sehr zur Überraschung des alten Nachbarn. Am nächsten Tag regnet es immer noch, die Erde bekommt genug Wasser. »Das ist nicht normal!« sagt er, »Das muß Zauberei sein!«

Kapitel 1

Über Rituale

Was ist ein Ritual?

Stell dir einmal vor, du kommst nach einem total anstrengenden Tag nach Hause. Du steckst den Schlüssel ins Schlüsselloch, machst die Tür auf und gehst hinein. Dann schaust du in den Briefkasten und findest einen Brief von einer guten Freundin. Was für eine angenehme Überraschung! Anstatt den Brief gleich aufzureißen, beschließt du, ihn später in aller Ruhe zu lesen. Zuerst gehst du unter die Dusche, um die ganze Last des Tages von dir wegzuspülen. Dann ziehst du dir deine bequemsten Kleider an und machst dir erst einmal eine schöne Tasse Kaffee oder Tee. Weil du absolut keine Lust hast, von der Außenwelt gestört zu werden, schaltest du das Telefon herunter. Die ganze Zeit freust du dich schon auf den Brief, der im anderen Zimmer auf dich wartet. Jetzt machst du Licht oder zündest eine Kerze und vielleicht ein paar Räucherstäbchen an. Bevor du es dir auf dem Sofa gemütlich machst, gehst du zu deiner Stereoanlage und legst noch irgendeine entspannende Musik auf. Mit dem dampfenden Kaffee und vielleicht etwas zum Knabbern in Reichweite ist jetzt alles genau so, wie du es haben willst. Du läßt dich zufrieden auf das Sofa fallen und erst einmal einen Moment lang alles auf dich einwirken. Jetzt kommt der Brief dran, du machst ihn auf und fängst an zu lesen.

Da die eben geschilderte Situation alle wesentlichen Bestandteile enthält, die auch ein Ritual ausmachen, könnte man sie als solches bezeichnen. Wie bei einem Ritual beginnst auch du nicht mit dem Höhepunkt, in

deinem Fall dem Brief, sondern bereitest dich langsam
auf ihn vor, indem du die richtige Atmosphäre schaffst
und ein bestimmtes Gefühl erzeugst. Bevor du überhaupt anfängst, reinigst du dich, um dich für das bereit-
zumachen, was du dir vorgenommen hast. Außerdem
sorgst du dafür, daß du nicht gestört wirst, um dich voll
und ganz auf die bevorstehende Aufgabe konzentrieren
zu können. Alles um dich herum ist so arrangiert, daß
du dich vollkommen dazu in der Lage fühlst, dich ganz
auf das einzulassen, was du tust. All das sind typische
Aspekte eines Rituals.

Rituale müssen nicht unbedingt schwierig und ge-
heimnisvoll sein. Auch das Händeschütteln ist eine Form
von Ritual. Oder das Verzieren einer Geburtstagstorte,
das Anbieten von Zigarren nach der Geburt eines Kin-
des, das Tragen von schwarzer Kleidung zum Zeichen
der Trauer bei Totenwachen oder Beerdigungen oder
das Reiswerfen bei Hochzeiten. Diese Art von gesellschaftlichen Ritualen machen das eine Extrem des Ri-
tualspektrums aus, das andere bilden die spirituellen
und magischen Rituale. Diese werden im allgemeinen
von Personen mit einer umfassenden Ausbildung vollzogen, die wochenlang fasten und enthaltsam leben
können, um die messerscharfe Konzentration aufzubauen, die zur Ausführung einer einzigen Aufgabe nötig ist, mit der ganz bestimmte Ergebnisse erzielt werden sollen. Zwischen diesen beiden Extremen gibt es
ein buntes Spektrum von tausend Möglichkeiten aller
Arten von Ritualen, von ganz einfachen bis äußerst
komplexen, von öffentlichen bis geheimen.

Die äußerlichen Charakteristika von Ritualen aufzu-
zählen, bereitet im allgemeinen keine Schwierigkeit.
Dazu gehören zum Beispiel das Tragen von besonderer
Kleidung, das Anzünden von Räucherstäbchen, Salbei
oder Kerzen, das Sprechen bestimmter Worte, das Spielen ausgewählter Musik oder Singen bestimmter Noten,
sowie spezielle Handlungen.

Doch die Essenz eines Rituals liegt nicht bei diesen Äußerlichkeiten. Die Essenz ist das Erleben des Rituals an sich. Ein Ritual ist ein Punkt, an dem die Zeit stillsteht, an dem du deine Konzentration darauf verwendest, etwas zu verwirklichen oder es intensiv zu erleben. Ein Ritual versetzt dich vorübergehend aus deinem irdischen Dasein in einen »heiligen« Raum. Und um in diesen Raum zu gelangen, mußt du dich über die Erfahrung deines Alltagslebens erheben. Gleichzeitig gewinnst du dadurch einen besseren Überblick über die Situation, in der du dich gerade befindest. Doch Rituale können noch weitaus mehr, als nur intensive Erfahrungen vermitteln. Sie können auch dazu genutzt werden, Projekte und Prozesse einzuleiten oder zu einem Abschluß zu bringen, fortzuführen oder aufzulösen, um auf eine andere Art neu damit beginnen zu können.

Für die Durchführung von Ritualen ist es also vor allem wichtig, sich aus dem Alltagsleben zu lösen, damit den alltäglichen Dingen keine Aufmerksamkeit mehr geschenkt werden muß; es ist wichtig, eine Atmosphäre zu schaffen, in der man sich gut konzentrieren kann, und sich ein klares Ziel zu setzen. Das sind die wichtigsten Merkmale eines Rituals.

Das Wesentliche bei jedem Ritual ist jedoch letztendlich das Herstellen einer Verbindung. Eine Verbindung kann auf viele verschiedene Arten hergestellt werden, beispielsweise durch innere Konzentration, Schaffung von Symbolen und ihre buchstäbliche Verbindung oder einfach durch Kommunikation mit anderen. Während eines Rituals kannst du zum Beispiel mit den Kräften um dich herum in Verbindung treten, mit anderen Menschen oder mit Seiten von dir selbst, die normalerweise vernachläßigt werden. Du schaffst damit sowohl eine Verbindung zu deiner Innenwelt als auch zur Außenwelt. Das Herstellen einer Verbindung ist der wahre Sinn eines Rituals, ohne das ein Ritual wirkungslos ist. Um jemanden heilen zu können, mußt du mit

den Kräften Verbindung aufnehmen, die dir helfen können; um jemandem Schaden zufügen zu können, mußt
du mit der Seite von dir Kontakt aufnehmen, die in der
Lage ist zu hassen.

Bei jedem Ritual, gleichgültig zu welchem Zweck es
vollzogen wird, geht es darum, eine Verbindung zu
schaffen. Die Art und Weise, wie diese Verbindung hergestellt und erfahren wird, ist an sich schon ein Ritual.

Bei allen Ritualen steht also das Herstellen von Verbindungen im Mittelpunkt. Der Zweck des Ganzen ist
eine Verbesserung der Lebensqualität, sei es nun durch
ein Winken zum Abschied, das Feiern des Weihnachts-
fests oder das Heilen einer Person mit magischen Mit-
teln. So betrachtet ist es gar kein so großer Schritt von
unseren alltäglichen, gesellschaftlichen Ritualen zum
bewußten Arbeiten mit spirituellen Ritualen, wie du
vielleicht denkst. Eines ist sicher: Jeder, der ein Ritual
abhalten will, kann es auch.

Heilungsrituale

Das Ziel nahezu jeden Rituals ist Heilung. Aber was genau ist Heilung? Die erste Assoziation, die die meisten
Menschen dazu haben, ist: Heilung einer Krankheit
oder Wunde. Das mag zwar stimmen, aber Heilung ist
für mich noch weitaus mehr. Ein altes holländisches
Wort für Heiler ist »heelmeester«. Wörtlich übersetzt
bedeutet dieses Wort »Ganz-Meister«. Das drückt genau das aus, was ein Heiler ist – nämlich jemand, der
nicht nur ganz machen kann, was kaputt ist, sondern
auch jemand der sich auf das Ganze konzentriert anstatt
auf die einzelnen Teile. Der »Ganz-Meister« sorgt dafür, daß das Ganze harmonisch funktioniert. Deshalb
bedeutet Heilung oder Ganz-Machen nicht nur die Behandlung einer Krankheit oder Beseitigung ihrer Symptome, es bedeutet auch vorbeugende Maßnahmen zu

ergreifen und dafür zu sorgen, daß nicht nur der Körper, sondern auch der Geist gesund bleibt. In diesem
Sinne ist Heilung nicht nur etwas, das sich auf die Gesundheit des einzelnen bezieht, sondern auf die gesamte
Gemeinschaft. Viele traditionelle Heilmethoden oder
Methoden zur »Ganz-Machung« befassen sich zuerst
damit, einen Zustand der »Ganzheit« zu erzielen. Wenn
die Harmonie wiederhergestellt ist, verschwinden die
meisten Krankheiten von selbst.

In den traditionellen Kulturen gibt es zwei Arten von
Heilungsritualen. Die erste befaßt sich mit dem, was
wir Menschen der westlichen Hemisphäre unter Heilung verstehen: Es gibt ein Problem, und es muß gelöst
werden. Das Problem kann alles mögliche von einem
gebrochenen Bein über eine Krankheit bis zu einem
Familienstreit sein. Es ist nicht wichtig, um welches
Problem es sich handelt oder wie es aussieht, das Wichtigste ist, es möglichst schnell aus der Welt zu schaffen,
damit sich die Betroffenen wieder gut fühlen können.
Wenn Rituale für solche Situationen abgehalten werden, könnte man sagen, der Betroffene werde »verarz-
tet«. In diesen Fällen arbeitet der Ritualleiter als Arzt
und/oder Psychologe. Das Ritual wird als direkte Reaktion auf eine akute und unangenehme Situation durchgeführt.

Hingegen stellt die zweite Art von Heilungsritual
keine Reaktion auf eine akute und unangenehme Situation dar. Viele Rituale dieser Art werden routinemäßig
abgehalten. Und obwohl es keine Probleme gibt, die
gelöst werden müßten, oder dringende Schwierigkeiten, die einen unmittelbaren Eingriff erforderten, haben
auch diese Rituale etwas mit Heilung zu tun. Anstatt
erst abzuwarten, bis die Harmonie und das Gleichgewicht des Ganzen gestört wird, zielen diese Rituale darauf ab, die Harmonie und das Gleichgewicht zu stärken und zu erhalten. Es ist immer besser, vorbeugende
Maßnahmen zu ergreifen, als erst abzuwarten, bis ein

Problem auftaucht. So gehen viele traditionellen Kulturen davon aus, daß man sich nicht nur um das Wohlergehen des physischen Körpers kümmern sollte, etwa durch gute Ernährung (in diesem Sinne kann eine gesunde Ernährung als vorbeugende Medizin angesehen werden, die die Entstehung von Krankheiten verhindert), sondern daß auch die geistigen und sozialen Bereiche der Pflege bedürfen, damit Probleme erst gar nicht entstehen können.

Ich erwähne die vorbeugenden Heilungsrituale, weil sie auf vielerlei Weise für die Harmonie und Beständigkeit innerhalb einer bestimmten Kultur erforderlich sind. Diese Rituale legen oft die Rolle der einzelnen Menschen innerhalb der Kultur fest. Werden diese Rituale nicht vollzogen, entfremdet sich die Kultur von sich selbst und sogar vom Land, auf dem sie lebt. In früheren Zeiten wurden die Tiere, die als Nahrung dienten, mit Respekt behandelt. In den meisten traditionellen Kulturen lebten Mensch und Tier in Harmonie miteinander. Das heißt nicht, daß mir nicht bewußt wäre, daß manche traditionellen Kulturen mit Tieren grausam und gedankenlos umgingen, niemals jedoch im selben Maße wie die Pelzindustrie unserer Tage. Die Gentechnik ist ein anderes von vielen Beispielen, die beweisen, daß der Mensch sich der wahren Verbindung mit dem, was ihn nährt, nicht mehr bewußt ist, und diese auch nicht achtet. Daß die Tiere unter diesen Bedingungen leiden, ist nur allzu offensichtlich. Die Tatsache, daß diese Bedingungen auch dem Menschen und der Umwelt schaden, ist wahrscheinlich weniger offensichtlich, aber nichtsdestotrotz wahr. Ich will damit nicht sagen, wir sollten zu den Ritualen der Jägerkulturen zurückkehren, in denen die Tiere verehrt wurden. Ich glaube jedoch, daß wir einen Weg finden sollten, unserer Achtung vor der Natur sowohl in Worten als auch in Taten Ausdruck zu verleihen. Vielleicht könnte dies in Gestalt eines Rituals geschehen, das uns bewußt mit den Quellen unserer Nahrung in Verbindung hält. Auf diese Art und Weise könnte es zu weniger Situationen kommen, bei denen Tiere und damit unsere Natur unwürdig behandelt werden.

Wieder dreht sich die Essenz aller Heilungsrituale um das Herstellen einer Verbindung. Bei der ersten Form von Heilungsritualen, die ich das »Verarzten« nenne, wird eine Verbindung zwischen dem Willen und den Heilkräften des Patienten und den Kräften außerhalb von ihm geschaffen, die den Heilungsprozess begünstigen können. Bei der zweiten Form, den vorbeugenden Ritualen, wird eine Verbindung zwischen den Menschen selbst und den sie umgebenden Kräften hergestellt, so daß die Beziehung zwischen ihnen erneuert und gefestigt werden kann. Der Kernpunkt nahezu jeden Rituals ist die Verbindung, und das Ziel ist Heilung oder Erhaltung der Gesundheit.

In Anbetracht der Tatsache, daß in jeder Kultur vorbeugende Heilungsrituale entstehen oder vollzogen werden, kann davon ausgegangen werden, daß diese Art von Ritual für den Menschen unentbehrlich ist. Offensichtlich erhält sich Harmonie nicht von selbst, und der Mensch hat es sich deshalb stets zur Aufgabe gemacht, die Harmonie zu erhalten.

Mehr als eine Wirklichkeit

Tatsächlich nehmen wir die Welt nicht in ihrer Gesamtheit wahr. Was wir Wirklichkeit nennen, ist nur das, was unsere Sinne in jedem beliebigen Augenblick wahrnehmen. Da unsere Sinne auf die materielle Welt ausgerichtet sind, beruht unsere Vorstellung von der Wirklichkeit vor allem auf den materiellen Dingen, die uns umgeben. Niemand würde bestreiten, daß ein Küchentisch, den wir sehen und spüren können, wirklich ist. Hingegen hält niemand Träume für wirklich, obwohl die

meisten von uns wahrscheinlich schon einmal lebhafte
Träume hatten, die wir zum damaligen Zeitpunkt sehen
und spüren konnten. Während wir still im Bett liegen,
erleben wir unsere Träume als Wirklichkeit. Da die
westliche Gesellschaft jedoch glaubt, Wirklichkeit müsse
auf materiellen Dingen beruhen, wird zwangsläufig
daraus geschlossen, daß Träume reine Illusion oder zumindest nicht wirklich seien. Nahezu alle traditionellen
Kulturen sehen Träume in einem anderen Licht. Viele
von diesen Kulturen gehen davon aus, daß Wirklichkeit
alles ist, was wir erleben. Und was man da erlebt, muß
sich nicht unbedingt auf der materiellen Ebene abspie-
len oder gar logisch sein. Für die meisten traditionellen
Kulturen ist Erleben gleich Wirklichkeit.

Wie sehr die westliche Welt es auch zu leugnen versucht, es gibt außer der materiellen Welt noch viele andere nichtalltägliche Wirklichkeiten. Nächtliche Träume
gehören, wie bereits angedeutet, zu dieser Kategorie
der nichtalltäglichen Wirklichkeiten. Obwohl der Körper ins Bett gepackt ist und schläft, ist sich der Träumer
dessen nicht mehr bewußt. Vielleicht läuft er gerade
durch einen Wald und spricht mit den Vögeln. Man
könnte sagen, man trete beim Träumen in eine Wirklichkeit ein, in der man keine Kontrolle mehr darüber
hat, was und wie etwas passiert. Für die meisten Leute
sind Träume Erfahrungen, die sie weder unter Kontrolle haben noch bewußt beeinflussen können.

Es gibt jedoch Techniken, die es ermöglichen, in
diese anderen Wirklichkeiten einzutreten. Damit dies
gelingt, muß man entweder seine Sinne trainieren oder
aber sich eine ganz neue Art von Wahrnehmung aneig-
nen. Hat ein Mensch erst einmal diese Fähigkeiten entwickelt, kann er sich nach Belieben mit seinem Bewußtsein auf diese Wirklichkeiten einstimmen, die mit
unserem normalen Wachzustand nicht wahrnehmbar
sind. Laut westlicher Definition existieren diese Wirklichkeiten nicht, da sie nicht aus demselben Stoff ge-

macht sind wie unsere sichtbare, dingliche Welt. Für diejenigen, die sich in diese Welten hineinbegeben können, ist ihre Existenz jedoch genauso offensichtlich wie die materielle Wirklichkeit für uns.

Diese anderen Wirklichkeiten existieren nicht nur, sondern sind darüber hinaus noch von anderen Lebewesen bevölkert, die jedoch nicht in dieselben materiellen Hüllen gekleidet sind wie wir. Die nichtalltägliche Wirklichkeit ist die Welt der Geister. Dort finden sich mythologische Gestalten, Naturgeister, Götter, Dämonen, Elfen, Krafttiere und viele andere Wesen. In den traditionellen Kulturen war es stets Aufgabe der Priester, geistigen Führer und insbesondere der Schamanen in irgendeiner Form Kontakt zu den Bewohnern der nichtalltäglichen Wirklichkeiten herzustellen. Dadurch wurde das Leben der Menschen, der Bewohner der alltäglichen Wirklichkeit, inspiriert und bereichert. Viele Informationen, die für die materielle Wirklichkeit von großem Nutzen waren, konnten nur in den anderen Wirklichkeiten erlangt werden. Auf ihren Reisen in die nichtalltäglichen Wirklichkeiten suchten die Priester und Schamanen nach den Ursachen und Lösungen bzw. Heilmitteln für ganz bestimmte Probleme oder Krankheiten.

Auch heute noch ist es möglich, wertvolle Information aus den nichtalltäglichen Wirklichkeiten zu erhalten. So kann man z.B. Anweisungen bekommen, die es einem erleichtern, wichtige Entscheidungen zu treffen. Hellseher, Medien, Aura-Leser und viele andere Menschen, die sich mit dieser Art von Arbeit beschäftigen, stimmen sich auf andere, nichtmaterielle Wirklichkeiten ein, um die gewünschte Information zu erhalten.

Stell dir einfach vor, dein Bewußtsein funktioniere wie ein Radio. Die alltägliche Wirklichkeit ist nur eine der vielen Frequenzen, die du empfangen kannst. Es ist reine Gewohnheit, daß unser Bewußtsein ständig auf die materielle Welt eingestellt bleibt. Wenn du auf die materielle Welt eingestellt bist, dann ist das auch genau das, was du wahrnehmen wirst – die materielle Welt. Das heißt jedoch nicht, daß die anderen Wirklichkeiten nicht existieren. In dem Augenblick nämlich, in dem du dich auf eine andere Frequenz einstellst, wird die alltägliche Welt für deinen bewußten Verstand zu existieren aufhören. Du erlebst die andere Wirklichkeit, und in dem Moment ist es die einzige Wirklichkeit, die für dich existiert. Das ist deshalb so, weil der bewußte Verstand sich immer nur jeweils auf eine Wirklichkeit einstimmen kann. In Wahrheit existieren jedoch alle Wirklichkeiten gleichzeitig nebeneinander. Es ist genau wie beim Schlafen und Träumen. Während du in deinen Träumen durch die Lüfte fliegst, liegt dein Körper ganz ruhig im Bett. Dein Körper und die materielle Wirklichkeit sind nicht einfach verschwunden, du bist dir ihrer nur nicht mehr bewußt.

Wenn du lernst, dein Bewußtsein nach Belieben auf die verschiedenen Wirklichkeiten einzustimmen, kannst du sie wahrnehmen. Es gibt verschiedene Techniken, die dazu in vielen alten spirituellen Disziplinen verwendet wurden. Die Hexen schmierten sich mit einer Salbe ein, die sie in einen anderen Geisteszustand versetzen sollte. Danach konnten sie in eine Wirklichkeit eintreten, in der ihnen Erfahrung und Wissen zuteil wurde. Bei den Zigeunern war es die starke Konzentration beim Starren in den Kaffeesatz oder in die Kristallkugel, die eine Bewußtseinsveränderung bewirkte. Dies ermöglichte es ihnen dann, die Zukunft vorauszusagen. Yogis sitzen stundenlang in verschiedenen Stellungen und machen dabei schwierige Atemübungen, bis sie einen Bewußtseinszustand erreichen, in dem sie die Einheit mit Gott spüren.

In den schamanischen Kulturen werden Trommel- oder Rasselrhythmen verwendet, um einen leichten Trancezustand herbeizuführen. Beim traditionellen Schamanismus wird der Schwerpunkt hauptsächlich darauf gelegt, die Kontrolle über sein Bewußtsein zu erlernen. Der Schamane lernt, seinen Geist so perfekt unter Kontrolle zu haben, daß er seinen Körper buchstäblich verlassen und sich auf eine Reise durch die anderen Welten begeben kann. Bei dieser Reise kann der Schamane in verschiedenen Welten und Wirklichkeiten ein und aus spazieren und mit ihren Bewohnern kommunizieren.

Aus der Sicht der Schamanen teilt sich die geistige Welt in drei verschiedene Ebenen auf. Diese drei Ebenen, die Oberwelt, die Unterwelt und die mittlere Welt, stellen zusammen das Ganze dar.

Geistführer und Lehrer finden sich hauptsächlich in der Oberwelt. In dieser Welt sind auch die Wesen zu Hause, die viele als Schutzengel bezeichnen.

Unsere eigene alltägliche Wirklichkeit ist Teil der mittleren Welt. Außerdem gehören dazu auch solche Bereiche wie die keltische Welt der Elfen und Feen. Mit der Zeit verhält es sich in der mittleren Welt nicht wie in der alltäglichen Wirklichkeit. Vergangenheit, Gegenwart und Zukunft existieren gleichzeitig nebeneinander. Hellseher, Medien und Aura-Leser stimmen sich häufig auf diese Welt ein.

Die Unterwelt besteht vorwiegend aus dem Reich der Natur- und Tiergeister sowie der Geister der Toten. Traditionell wird die Unterwelt hauptsächlich von ausgebildeten Schamanen aufgesucht, die dort Wissen und Kraft zu erlangen suchen.

Es darf jedoch nicht vergessen werden, daß sich die Bewohner der anderen Wirklichkeiten nicht immer streng an diese Ordnung halten. Manchmal taucht ein Geistführer auch in der Unterwelt auf oder ein Tiergeist in der Oberwelt. Diese drei Welten bestehen alle wiederum aus vielen verschiedenen Bereichen, die sich stark voneinander unterscheiden. Bisweilen beschreiben die Kulturen diese drei Welten auf ganz unterschiedliche Art und Weise. So sind diese Welten für die

Tibeter beispielsweise von grausamen Dämonen und furchterregenden Göttern bewohnt, während sie für die traditionellen Schamanen von Tiergeistern und mythologischen Gestalten bevölkert ist. Unseren westlichen Märchen zufolge sind diese Orte ein Tummelplatz für Engel, Elfen, Drachen und Einhörner.

Es könnte sein, daß diese unterschiedlichen Beschreibungen das Ergebnis verschiedener Techniken sind, derer sich die jeweiligen Kulturen bedienen. Vielleicht bringt dich eine Technik hier hin und die andere ganz wo anders. Ich vermute jedoch, daß viel mehr dahintersteckt. Die nichtalltäglichen Wirklichkeiten sind nicht stofflicher Natur, doch unser Bewußtsein ist fast immer auf die materielle Ebene eingestimmt. Die materielle Welt formt unser Verständnis von der Welt, und wir nutzen dieses Verständnis, um die Dinge, die wir nicht sofort erkennen, zu definieren. Wenn wir uns auf die anderen Wirklichkeiten einstimmen, werden wir mit Wesen und Kräften konfrontiert, die keine materielle Entsprechung haben. Um sie begreifen zu können, müssen wir das, was wir gesehen haben »mit einem Etikett versehen«. Dafür müssen wir erst einmal eine Erklärung finden, die für uns Sinn macht. Und die Begriffe, die wir zur Erklärung der Dinge aus nichtalltäglichen Wirklichkeiten benutzen, stammen natürlich aus dem Kulturkreis, in dem wir leben. Mit anderen Worten glaube ich, daß die Beschreibungen und Erklärungen, die wir zu den nichtalltäglichen Wirklichkeiten machen auf der Sprache der mythischen Bilder unserer eigenen Kultur beruhen.

Den Traditionen zufolge bilden die sichtbare, alltägliche Welt und die anderen Wirklichkeiten ein harmonisches Ganzes. Alle existieren gleichzeitig nebeneinander und beeinflussen sich ständig gegenseitig. Stimmt etwas in einer Wirklichkeit nicht, so kann man in den anderen Wirklichkeiten Informationen zu diesem Problem erhalten. Deshalb besteht die Arbeit von vielen traditionellen Heilern im Auffinden von Information in den anderen Wirklichkeiten. Diese Information wird gebraucht, um das Leben in der alltäglichen Wirklichkeit angenehmer zu gestalten. Jede Wirklichkeit bietet einen Lösungsweg für ein Problem an. Ein Aura-Leser stimmt sich auf eine Ebene ein, ein Schamane auf eine andere und ein Arzt wieder auf eine andere.

In jedem Menschen existieren wiederum verschiedene Schichten von Wirklichkeiten. Üblicherweise werden die inneren Wirklichkeiten in die körperliche, geistige, emotionale und spirituelle Erfahrungsschicht unterteilt. Jede dieser inneren Welten hat ihre eigenen Gesetze, Wahrheiten und Reaktionsmuster. So kann deinem Körper etwas gefallen, was deine Gefühle völlig kalt läßt und dein Verstand mißbilligt. Bei einer starken Verbindung mit der spirituellen Ebene verschwinden alle körperlichen Empfindungen; der Verstand ist völlig ausgeschaltet, und der Gefühlszustand gleicht einer Ekstase. Alle Kombinationen sind möglich und können harmonisch oder weniger harmonisch sein. Sowohl innerhalb als auch außerhalb des Menschen gibt es viele Wirklichkeiten und unzählige Formen, diese zu betrachten und darauf zu reagieren.

Eigentlich ist es unmöglich, objektiv über die verschiedenen Wirklichkeiten zu sprechen. Die Art und Weise, wie ein Mensch die Welt wahrnimmt, erschafft diese Wirklichkeit für ihn in ihm selbst. Deshalb verändert sich die Wirklichkeit auch ständig. Das kommt daher, daß die Menschen weiterhin die Welt von verschiedenen Bewußtseinsebenen aus und in verschiedenen Bezugsrahmen sehen. Stell dir einmal vor, ein Geschäftsmann, eine militante Feministin und ein Drogenabhängiger gingen an einem normalen Nachmittag auf einer geschäftigen Straße in der Innenstadt. Der Geschäftsmann hat es eilig, weil er noch einen wichtigen Kunden treffen muß. Da er das Gefühl hat, er müßte dringend wieder einmal Urlaub machen, nimmt er beim

Gehen nur die exklusiven Boutiquen und Reisebüros wahr. Die militante Feministin sieht nur die Paare mit Kindern. Sie möchte Frauen am liebsten schütteln und ihnen klar machen, was für Gefängnisse sie um sich herum geschaffen haben. Sonst fallen ihr noch die Machos auf und Ohrringe, die Frauensymbole darstellen. Der Drogenabhängige ist sich eigentlich über gar nichts richtig bewußt. Er sieht nur Taschen und Brieftaschen – denn er sucht jemand, dem er was klauen kann. Lauter völlig verschiedene Dinge und das alles bei nur drei verschiedenen Leuten! Dieses Beispiel macht deutlich, daß es sehr schwer ist, eine ganz normale Straße in der Stadt, von der man behaupten könnte, sie gehöre der alltäglichen, objektiven Wirklichkeit an, eindeutig zu beschreiben. Denn jede Person lebt ständig in ihrer eigenen subjektiven Wirklichkeit. Ein großer Teil der Wirklichkeit wird sogar in der Person selbst gebildet und nicht durch die äußere Welt.

Und genauso ist es auch in der nichtalltäglichen Wirklichkeit. Diese Wirklichkeiten existieren zwar außerhalb des Menschen, sind jedoch nicht für jeden dasselbe.

In meinen Trance-Workshops stelle ich den Teilnehmern manchmal eine Frage, und ihre Aufgabe besteht dann darin, in den nichtalltäglichen Wirklichkeiten nach der Antwort zu suchen. Meistens kehren alle mit einer ähnlichen Antwort zurück, doch die Form, in der sich die Information präsentiert, ist meist höchst individuell und persönlich. Manche Leute sehen einen Aspekt der Antwort, andere einen anderen. Nehmen wir einmal einen Patienten, bei dem das Element Feuer im Körper stark ausgeprägt ist. Ich sage das meinen Schülern nicht, sondern bitte sie nur herauszufinden, was mit meinem Patienten nicht stimmt. Während ich trommle, begeben sich meine Schüler auf eine Trance-reise. Ein Schüler kommt dabei vielleicht in eine rot-glühende Wüste und fängt an, nach Wasser zu suchen. Ein anderer findet sich möglicherweise an einem Ort

wieder, den er nicht richtig beschreiben kann, außer
daß dort ein sehr heißer Wind weht und er jemand sagen hört: »Er muß Erde essen.« Ein dritter kommt auf
seiner Wanderung vielleicht in eine trockene Landschaft, in der ihn ein Kamel erwartet, das ihm freundlich zuwispert: »Ich habe immer Wasser dabei«, und
dann schnell verschwindet. Diese drei Antworten überschneiden und ergänzen sich gegenseitig. Alle drei
Schüler haben den Ort erreicht, an dem die Antwort
gefunden werden konnte, doch jeder beobachtete andere Dinge. Oder aber jeder Schüler erhielt dieselbe
Botschaft und interpretierte sie nur anders.

Beim Abhalten und Leiten von Ritualen mußt du mit
allen Wirklichkeiten umgehen lernen, die von verschiedenen Leuten unterschiedlich wahrgenommen werden
können. Bei einem guten Ritual wird immer versucht,
sich auf die Wirklichkeiten innerhalb und außerhalb
des Menschen einzustimmen und zwischen ihnen hin-
und herzureisen. Zwischen den verschiedenen Wirklichkeiten wird eine Verbindung hergestellt, und das
Ziel des Ganzen ist (wie bereits weiter oben erwähnt)
Heilung. Das ist eine anspruchsvolle Arbeit, die viel
Übung und Ausbildung erfordert. Eine gute Ausbildung
und eifriges Üben bringt jedoch noch weitaus mehr
Vorteile als nur gelungene Rituale. Sich in andere Wirklichkeiten zu versetzen, kann auch extrem angenehm
sein. Die leichte Trance, die nötig ist, um sich auf die
Reise zu begeben, kann häufig ein Gefühl von Euphorie
und Ekstase hervorrufen. Diese Art der Trance-Ekstase
ist an sich schon eine Belohnung.

Allerdings solltest du dir stets darüber im klaren sein,
daß alles, was du bei deiner Reise siehst und spürst, nie
das Ziel an sich ist, sondern nur das Mittel zum Zweck.
Rituale stellen nur den Weg und das Mittel dar, um die
Verbindungen herzustellen, die für die gewünschte
Heilung nötig sind. Das Ziel besteht nicht einfach darin,
schöne Landschaften zu sehen oder mit fantastischen

Abenteuergeschichten zurückzukommen. Im Labyrinth
der Wirklichkeiten und der Deutungen verirrt man sich
leicht, wenn man sich von den Dingen am Wegesrand
ablenken läßt. Du mußt dir dein Ziel stets klar vor Augen halten und dich immer daran erinnern, daß alles,
was du auf deiner Reise erlebst, nur ein Mittel zur Er-
reichung dieses Ziels darstellt.

Rituale und Therapie

In traditionellen Kulturen wird keine Psychotherapie in
unserem Sinne praktiziert. Was man bei uns durch Therapie erreichen will (Heilung von Traumata, Aufbre-
chen von Gefühlen, Einschätzung von Erfahrungen in
der Vergangenheit und deren Einordnung in einen
neuen Rahmen), wird dort durch Rituale erreicht. We-
gen der heilsamen Wirkung von Ritualen war es in den
traditionellen Kulturen einfach gar nicht nötig, eine
rein psychologische Form therapeutischer Behandlung
zu entwickeln. Die einzige traditionelle Methode, die
eng mit der Psychotherapie verwandt ist, ist die Beratung, die sich jedoch häufig auf Ratschläge beschränkt,
die vom Ältestenrat erteilt werden.

Die meisten westlich orientierten Therapien befassen
sich ausschließlich mit den Wirklichkeiten im Innern
des Individuums, d.h. mit den körperlichen, gefühlsmäßigen und geistigen Erfahrungsschichten. Das Thera-
pieziel besteht darin, Verbindungen zwischen diesen
verschiedenen Bewußtseinsebenen herzustellen, damit
eine Integration und Heilung stattfinden kann. Die
Auflösung eines Traumas kann in einer Sitzung über
die Gefühle geschehen, in einer anderen über Körper-
arbeit oder das Gespräch. Gute Therapien haben eines
gemein: die Integration und das In-Einklang-Bringen
aller Ebenen menschlicher Erfahrung. Dahinter steckt
der Gedanke, daß der Patient sich wieder »ganz« fühlen

soll. Wem die Psychotherapie jedoch keine Beachtung schenkt, sind die Wirklichkeiten, die außerhalb vom normalen menschlichen Bewußtsein existieren. Es werden nur Verbindungen zwischen den Wirklichkeiten im Inneren der Person hergestellt, nicht jedoch mit den äußeren Kräften.

Bei Heilungsritualen geht es immer sowohl um die inneren als auch die äußeren Wirklichkeiten. Bei Heilungsritualen wird aktiv mit den äußeren Kräften, wie etwa den Heilgeistern, Heilpflanzen und Kräften der Natur, gearbeitet. Viele dieser Rituale könnten als therapeutisch angesehen werden, da sie mit denselben Bereichen in Berührung kommen wie die Psychotherapie. Da die Heilungsrituale jedoch viel breiter angelegt sind, können die Wirkungen auch deutlich stärker sein.

Schauen wir uns z.B. einmal ein traditionelles Heilungsritual der Navaho an, einem amerikanischen Indianerstamm aus dem Südwesten der Vereinigten Staaten. Bei dem Ritual sind auch die Familie und die Freunde des Patienten anwesend. Allein das hat schon eine Heilwirkung, denn es dient dem Patienten als Beweis dafür, daß sich andere um ihn sorgen und wünschen, daß es ihm besser gehen möge. Alle Anwesenden haben Zeit und Geld investiert, um einen Beitrag zu seiner Heilung zu leisten. In der Sprache der Therapie hieße das: »Ich werde geliebt, man sorgt sich um mich, es gibt für mich einen Platz in der Welt, es ist anderen wichtig, daß es mich gibt.« Außer der Familie und den Freunden ist natürlich der traditionelle Heiler anwesend, der dem Patienten seine uneingeschränkte Aufmerksamkeit schenkt. Der Patient weiß, daß er in guten Händen ist und alles nur Menschenmögliche getan werden wird, um ihn zu heilen (über den Körper, die Gefühle und die Magie). Dadurch wird eine Atmosphäre der Hilfe und des Beistands geschaffen: »Ich werde mit meinem Problem ernst genommen, man hört mir zu und schaut nach mir.«

Allein der Rahmen dieses Rituals ist bereits von un-
geheurem therapeutischen Wert und wird den elemen-
tarsten Bedürfnissen des Menschen gerecht: geliebt und
umsorgt zu werden und sich selbst als wertvoll zu
fühlen. Der Medizinmann malt dem vor ihm sitzenden
Patienten eine magische Sandzeichnung auf. Dadurch,
daß der Patient im Mittelpunkt der gezeichneten Struk-
tur aus Heilkräften, Geistern und magischen Symbolen
plaziert wird, wird er zum Zentrum des Universums.
(»Ich bin von allen Heilkräften umgeben, der ganze
Kosmos hilft bei meiner Heilung mit.«) Dies verleiht
dem Ritual zusätzlich eine sichtbare spirituelle Dimen-
sion. Die Arbeit des Medizinmanns ist nicht nur rein
symbolisch, sondern er arbeitet tatsächlich mit den
Kräften der anderen Wirklichkeiten. Er nimmt Kontakt
mit ihnen auf, indem er sich in eine leichte Trance begibt. Mit ihrer Hilfe sammelt er Information über den
Patienten und findet heraus, welche »Medizin« gebraucht wird. Die spirituellen Techniken, die er dann
zur Heilung des Patienten benutzt, stützen sich auf
diese Information. Die Verwendung von Heilpflanzen,
Arznei- oder Zaubertränken ist häufig Teil der Zeremonie. Die Familie und Freunde können ebenfalls mit traditionellen Gesängen und Tänzen an dem Ritual teilnehmen. Zum Schluß wird dann noch gemeinsam gegessen und getrunken. Das Ritual kann viele Stunden
dauern, und während der ganzen Zeit steht der Patient
im Mittelpunkt des Geschehens. Eine derartige Behandlung wird durch das Wörtchen »Ritual« nur unzurei-
chend beschrieben; eigentlich handelt es sich dabei um
einen therapeutischen Beistand in Verbindung mit einer
medizinischen Behandlung in einem spirituellen und
sozialen Rahmen.

Rituale werden aus einer ganzheitlichen Weltsicht
heraus abgehalten. Die Ursachen von Problemen und
Krankheiten können sowohl in der alltäglichen als auch
in der nichtalltäglichen Wirklichkeit gefunden werden.

Deshalb braucht man auch für alle traditionellen Heilungsrituale Informationen aus den anderen Wirklichkeiten, um die richtige Diagnose stellen zu können. Vielleicht war die Ursache eines gebrochenen Arms nicht nur ein schwerer Ast, der zufällig heruntergekracht ist, sondern vielleicht ein böser Geist, der ihn geworfen hat. Vielleicht ist das Opfer ja auch gar kein wirkliches Opfer, sondern hat selbst in seinem Leben soviel Unglück bei anderen gesät, daß der Unfall eine Vergeltungsmaßnahme aus der Geisterwelt darstellt. Oder vielleicht war auch jemand eifersüchtig auf diese Frau und hat einen Medizinmann bezahlt, um einen Unfall herbeizuführen. Wir sehen also, daß es viele Ursachen für den gebrochenen Arm geben kann. Deshalb kann auch erst dann von einem Unfall gesprochen werden, wenn alle Informationen dazu gesammelt sind. Aus traditioneller Sicht ist es wichtig, daß der gebrochene Arm medizinisch versorgt wird, doch für sich alleine genommen würde dies als beschränkte und unzureichende Behandlung betrachtet werden.

Auch in unserer westlichen Welt ist es von Nutzen, zusätzliche Informationen über den Therapie- oder Heilungsprozeß aus den anderen Wirklichkeiten einzuholen. Zur Verdeutlichung möchte ich gerne die Geschichte einer meiner Patientinnen erzählen, für die mir meine Geisthelfer ein Heilungsritual offenbarten. Der Patientin, eine Frau, die während ihrer Kindheit sexuell mißbraucht worden war, wurde das Ritual als Teil ihrer Therapie geschenkt. Meine Geisthelfer sagten mir, sie müsse sich von der Energie der Person befreien, die sie mißbraucht habe. Sie erklärten mir, viele ihrer Probleme würden nicht durch unausgelebte Gefühle verursacht, sondern eher durch die Energie dieser Person, die in ihrem Körper eingeschlossen sei. Viele ihrer Schwierigkeiten würden sich auflösen, wenn diese Energie erst freigesetzt würde. Die Methode, die sie mir aufzeigten, war relativ einfach. Sie sollte ihren Körper mehrere

Wochen lang immer wieder sanft mit einem Ei massieren. Jedesmal würde das Ei etwas von der negativen
Energie aufnehmen. Nach jeder Massage sollte sie das
Ei im Garten unter einem Phallussymbol vergraben, das
sie entweder finden oder selber herstellen sollte. Meine
Geistführer versorgten mich gleichzeitig noch mit zusätzlicher Information in Form einer Art Kurzlektion
über den Gebrauch und Mißbrauch von Energie. Der
Mann, der sie mißbraucht hatte, habe nicht nur diese
Frau, sondern aus einer anderen Perspektive betrachtet
auch seine männliche Energie mißbraucht. Männliche
Energie an sich sei nicht negativ, doch sei sie verzerrt
und verdorben, könne sie zu Mißbrauch und Vergewaltigung verwendet werden. Durch das Vergraben des Eis
unter einem Phallussymbol werde diese verdorbene
Energie an die Erde unter ihrem männlichen Aspekt
zurückgegeben (in vielen Kulturen wird angenommen,
daß es neben der Mutter Erde auch eine Art Vater Erde
gibt). Auf diese Weise kann die Erde diese Energie wieder aufnehmen und in eine gesunde Kraft umwandeln.

Ein Ritual wie dieses spielt sich auf vielen verschiedenen Ebenen ab. Erstens einmal bezieht es verschiedene
Wirklichkeiten mit ein. Die materielle Welt wird mit
der Wirklichkeit vereint, in der ein Ei negative Energien aufnehmen kann und Vater Erde als unabhängige
Kraft existiert. Auf therapeutischer Ebene schafft es eine
Situation, in der die Patienten in sich selbst die Bereitschaft finden muß, sich zu hegen und zu pflegen, sonst
wäre sie nicht in der Lage, sich sanft und regelmäßig zu
massieren. Gleichzeitig verlangt es von ihr, sich irgendeine Art von positivem Symbol männlicher Energie zu
erschaffen. Dies wird durch den Phallus versinnbildlicht, das Symbol von Vater Erde, einer fürsorglichen
und heilenden Kraft, die viel von ihrem Schmerz und
Kummer lindern kann.

Für meine Patientin war das Ritual genau das, was sie
gebraucht hatte, um auf eine tiefere Ebene von Heilung

geführt zu werden. Das heißt jedoch nicht, daß dieses
Ritual unbedingt bei jedem Opfer von sexuellem Mißbrauch wirken muß. Es ist wichtig, daß ein Ritual genau
auf eine Person zugeschnitten ist. Um für meine Patienten genau das richtige Ritual zu finden, mache ich von
meiner eigenen Erfahrung mit Ritualen nur sehr wenig
Gebrauch. Ich habe es mir zur Gewohnheit gemacht,
immer meine Geisthelfer um Rat und Informationen zu
bitten. Sie sehen immer mehr, als ich sehen kann. Sie
zeigen mir bestimmte Seiten der Situation eines Patienten auf, die ich nicht spüre. Der Beistand von meinen
Geisthelfern ist unerläßlich.

Rituale können den therapeutischen Prozeß nicht
nur unterstützen, sondern auch auf vielerlei Weise ver-
vollständigen. Ein persönliches Ritual kann einem Menschen dabei helfen, sich auf einen Schritt vorzubereiten
oder ihn tatsächlich zu machen, der ansonsten für ihn
unmöglich gewesen wäre. Ein Ritual kann außerdem
für Menschen von großer Hilfe sein, die schlimme trau-
matische Erlebnisse durchgemacht haben. So haben beispielsweise viele Menschen, die in der Kindheit schwer
mißbraucht wurden, häufig eine Tendenz zu sogenann-
tem ritualisierten Verhalten. Ein Ritual gibt ein Gefühl
von Sicherheit, da Handeln innerhalb von vorgefaßten
Strukturen ein gesundes Gefühl von Kontrolle über die
Dinge vermittelt. Einer meiner Schüler traf den Nagel
auf den Kopf, als er sagte, bei einem Ritual sei man vorübergehend der Sieger. Bei einem Ritual nimmst du
dein Leben in deine eigenen Hände. Auch bei Gruppen-
therapie können Rituale wirkungsvoll sein. Dadurch,
daß man als Gruppe insgesamt ein geeignetes Ritual
vollzieht, können die Personen ihre Isolation durchbre-
chen, und Prozesse können in Gang gesetzt, vertieft
oder abgeschlossen werden. Ein Gruppenritual schafft
die Ausgangsbasis für Vertrauen und Gleichheit.

Die Verwendung von Ritualen in der Therapie kann
aber auch weniger positive Effekte haben. Da manche

Leute ein ganz starkes Sicherheitsbedürfnis haben, kann sich das Ritual zu einer Zwangsvorstellung auswachsen, bei der das ursprüngliche Ziel des Rituals nie erreicht werden kann. Bei einem Gruppenritual kann es auch geschehen, daß jemand über seine Grenzen hinaus gedrängt wird, und dies an sich kann wiederum ein Trauma zur Folge haben. In solchen Fällen verlieren Rituale ihre Heilkräfte. Wie jede andere Medizin oder Therapie sollte auch ein Ritual von jemand mit Erfahrung sorgfältig ausgewählt werden, um Mißbrauch und andere Probleme zu vermeiden.

Da traditionelle Rituale mit den verschiedenen Wirklichkeiten arbeiten, sollte der Ritualleiter selbst so viel persönliche Erfahrung wie möglich mit diesen anderen Wirklichkeiten haben. Ein traditioneller Ritualleiter ist gleichzeitig Arzt, Psychotherapeut, Sozialarbeiter und Mystiker. Das ist kein einfaches Unterfangen und erfordert viel Wissen. Man denke nur an all die Dimensionen der inneren Wirklichkeit des Menschen, allein das sind schon so viele. Und dann stelle man sich dazu noch die Ausdehnung der äußeren Wirklichkeiten vor – da gibt es genug Erfahrungs- und Existenzebenen, daß es einem schwindelig werden könnte! So überwältigend dies erscheinen mag, empfiehlt es sich dennoch, nach möglichst viel Erfahrung mit diesen Wirklichkeiten und Wissen darüber zu streben – ob man nun ein traditioneller Ritualleiter ist oder auch nicht. Innerhalb deiner eigenen Spezialisierung sollten deine Grundlagen so stark und umfassend wie möglich sein. Du kannst nicht die Rolle des Führers in einem Stadtteil übernehmen, den du nicht kennst. Das gilt sowohl für die alltäglichen als auch für die nichtalltäglichen Wirklichkeiten. Was du selbst noch nicht erforscht hast, kann einen wunden Punkt von dir verbergen, der dich in eine unerwartete Situation bringen kann, in der du nicht mehr in der Lage bist, jemandem beizustehen, der auf dein Können vertraut hat. Neben dem fachlichen Können und der Intuition des Heilers, Therapeuten oder Ritualleiters ist die größte Kraft, die er besitzt, seine Selbsterkenntnis.

Die Kombination von spirituellen Heilungsritualen und traditionellen Therapieformen ist immer noch unerforschtes Gebiet. Hier und da werden Experimente gemacht, hauptsächlich in therapeutischen Situationen, in denen es um Verlust und Trauer geht. Aus eigener Erfahrung kann ich behaupten, daß Rituale für Menschen in therapeutischer Behandlung eine große Hilfe darstellen. Rituale können den therapeutischen Prozeß intensivieren und die Heilung auf natürliche Weise fördern. Die Art des Rituals sollte jedoch zu dem einzelnen Patienten passen. Ich glaube tatsächlich, daß jeder Patient oder jede Patientin Rituale braucht, die genau auf seine/ihre Bedürfnisse zugeschnitten sind. Was für den einen gut ist, kann dem anderen schaden. Um herauszufinden, welches Ritual am besten zu einer Person paßt, nehme ich persönlich mit Hilfe schamanischer Techniken Kontakt zu meinen Geistführern auf. Für Menschen aus einer traditionellen Kultur ist es einfacher als für uns, ein geeignetes Ritual auszuwählen. Durch das Aufwachsen in Kulturen, in denen Rituale beim Heilungsprozeß gang und gäbe sind, wissen die traditionellen Heiler, welche Wirkungen ein bestimmtes Ritual haben wird und wie es auf verschiedene Personen wirkt. Uns Menschen der westlichen Welt, die wir nicht in solchen Kulturen aufwachsen, mag jedes Ritual (traditioneller oder anderer Art) erst einmal ziemlich seltsam erscheinen, und seine Wirkungen können dadurch verlorengehen. Die äußere Form eines Rituals muß darauf abgestimmt sein, wie eine Person die Welt erlebt.

Eine Kombination der besten Eigenschaften der Rituale und der Therapie kann wirkliche Heilung bewirken. Wir haben bisher erst ein paar vereinzelte Schritte unternommen. Wie eine solchen Behandlung letztend-

lich aussehen könnte, ist noch offen, doch bereits die
wenige Information, über die wir verfügen, verspricht
eine rosige Zukunft. Viele Therapieformen, die heutzutage angewandt werden, befinden sich noch in einem
Versuchsstadium und müssen noch verfeinert werden,
während die Kunst, neue Heilungsrituale zu schaffen,
gerade erst wieder in unsere Gesellschaft Eingang findet. Auf der einen Seite stehen die Ärzte und Therapeuten, auf der anderen die traditionell ausgebildeten
Ritualleiter von Heilungsritualen. Beide Gruppen ten-
dieren dazu, so zu tun, als käme die andere von einem
anderen Planeten. Beide Gruppen sind überzeugt davon, zu wissen, was das Beste ist. Es wird nicht leicht
sein, diese beiden Disziplinen miteinander zu verschmelzen, doch da jede Gruppe immer mehr über die
andere dazulernt, kann sich langsam eine neue und in-
tegrierte Behandlungsform entwickeln.

Kapitel 2

Tradition und Erneuerung

Tradition und Erneuerung

Wenn du dich entschließt, ein Ritual durchzuführen, hast du immer zwei Möglichkeiten: Entweder du benutzt ein bereits existierendes, traditionelles Ritual und vollziehst es als solches, oder du machst etwas anderes.

Rituale entstehen nicht von selbst. Sie entstehen, weil die Menschen ein grundlegendes Bedürfnis haben, sich Rituale zu schaffen und sie anzuwenden. Rituale werden auf der Grundlage des Wissens, der Vorstellungen und Bedürfnisse, die in einer Kultur vorhanden sind, entwickelt. Jedes Ritual, so traditionell oder alt es auch sein mag, hat seinen Ursprung in einer neuen oder erneuerten Form, die ganz genau der Erfahrung der Menschen entspricht, die in einer bestimmten Zeit und Kultur leben. Wenn die bereits vorhandenen Rituale nicht geeignet erscheinen, werden einfach neue geschaffen. Ideal ist es, wenn sich die Form eines Rituals den sich wandelnden Zeiten anpaßt und sich mit ihnen entwickelt. Leider ist das nicht immer der Fall. Wenn keine Veränderung stattfindet, werden oft unwesentliche Einzelheiten des Rituals wichtiger als das Ritual selbst.

Traditionelle Ritualformen verändern sich häufig nicht mehr in ihrer Gesamtheit. Das bringt im allgemeinen Schwierigkeiten mit sich. Die Methode ist nämlich nicht nur das Mittel, sondern auch der Zweck. Ein gutes Beispiel ist die Situation, in der sich die meisten christlichen Kirchen heutzutage befinden. Über die Jahre hat sich die Kirche von ihren eigenen Kirchengemeinden entfremdet. Das geschah hauptsächlich, weil die Rituale und Bräuche den Wandel der Zeit nicht mitgemacht haben. Dadurch bleibt die Bedeutung dieser zeitlosen Botschaft, die die Kirche vermitteln will, für viele ihrer Anhänger auf der Strecke, egal welche Sprache gesprochen wird – Latein oder Deutsch.

Man könnte vieles über die Vor- und Nachteile von Wissen sagen, das uns über die Traditionen weitergegeben wird. Traditionelles Wissen sorgt beispielsweise dafür, daß wir nicht noch einmal entdecken müssen, daß die Welt rund ist. Die Tradition versorgt uns mit wertvollem Wissen. Aus dieser Sicht betrachtet, ist Tradition sehr wichtig, wenn nicht gar unentbehrlich. Sie spart Zeit, sorgt dafür, daß die neuen Generationen einen guten Start bekommen, und verhilft den älteren, erfahreneren Mitgliedern einer Kultur zu einer geschätzten und wichtigen gesellschaftlichen Stellung. Auf diese Art und Weise dient die Tradition als Bezugsrahmen für die neuen Generationen und liefert ihnen einen Ausgangspunkt, von welchem sie sich ihre Zukunft aufbauen können. Leider hat Tradition häufig wenig mit Wandel zu tun. Alles muß so bleiben, wie es war, denn es hat sich als erfolgreich herausgestellt. Der Pfad der Tradition wird als einzig annehmbare Wahrheit betrachtet. Ausprobieren ist Blasphemie. Das Ergebnis davon ist Starrheit und Stillstand.

Nehmen wir einmal an, für eine bestimmte Gruppe von Menschen sei es wichtig, regelmäßig zwischen Punkt A und Punkt B hin- und herzureisen. Hat der Anführer der Gruppe einmal eine Reiseroute zwischen A und B entdeckt, die er für geeignet hält, benutzt er diese Strecke immer wieder. Die Mitglieder der Gruppe sind zufrieden damit. Aus Gewohnheit wird diese Strecke zur üblichen Route, und jedem, der nach dem Weg fragt, wird diese Route empfohlen. Das ist alles gut und schön! Will jedoch jemand einen neuen Weg gehen, wird der Anführer versuchen, ihn davon abzuhalten. Die bekannte Route hat sich als gut, verläßlich und sicher herausgestellt. Es gibt keinen Grund, nach einem neuen Weg zu suchen. Aus seiner Sicht hat der Anführer völlig recht. Er macht sich keine Gedanken mehr, ob es andere oder bessere Verbindungswege gibt. Er weiß, daß sein Weg gut ist. Andererseits heißt das jedoch noch lange nicht, daß es keine anderen möglichen Verbindungsstrecken zwischen A und B gibt. Der alte und vertraute Weg ist nur ein Weg, aber nicht *der* Weg.

An diesem Beispiel wird der Konflikt zwischen Traditionalisten und Erneuerern deutlich. Traditionalisten gehen im allgemeinen davon aus, daß Tradition gut ist, doch kommen sie im gleichen Atemzug zu dem unsinnigen Schluß, der Weg der Tradition sei der einzige. Da sie so viel von traditionellem Wissen halten, kommen sie schnell zu der Überzeugung, daß andere sich irren. Ihr eigener Irrtum liegt bei der letzteren Annahme. Manchmal kennen andere wirklich eine bessere Route zwischen Punkt A und Punkt B.

Ausprobieren schafft Erneuerung. Und damit Leben. Viele neue und gute Dinge können durch Ausprobieren entdeckt werden. Natürlich hat auch das Ausprobieren seine Schattenseite. Du kannst dir und anderen durch Unwissenheit Schaden zufügen. Ausprobieren kann zu einem positiven und negativen Ergebnis führen. Da du am Anfang nie weißt, wie ein Experiment ausgehen wird, besteht natürlich auch die Möglichkeit, daß du dir dabei die Finger verbrennst. Ausprobieren um des Ausprobierens willen kann genauso schädlich sein, es kann die kulturellen Errungenschaften vollkommen überschatten. Wenn das passiert, können wertvolle Kenntnisse und Erfahrungen verlorengehen, nur weil die gesamte Tradition von jenen, die zu gierig auf Erneuerung und Veränderung sind, außer acht gelassen wurde.

In den letzten Jahren sind viele Menschen aus dem westlichen Kulturkreis dazu übergegangen, traditionelle Rituale aus anderen Kulturen zu übernehmen. Viele folgen auch strikt den altüberlieferten, spirituellen Traditionen aus Ländern wie Indien oder Nordamerika. So ist zum Beispiel die Schwitzhüttenzeremonie, ein traditionelles Ritual der Indianer Nordamerikas, in der westlichen Welt inzwischen weithin verbreitet. In diesen Fällen fragt man sich manchmal, wie wichtig es wohl ist, das Ritual genau in der Form auszuführen, die in der ursprünglichen Kultur praktiziert wird. Das ist ein typisches Dilemma, in das man immer wieder gerät, wenn man sich traditioneller Rituale bedienen will. Bei einer Schwitzhüttenzeremonie werden verschiedene Geister und Naturkräfte in die Hütte gerufen. Vielleicht ist es für Menschen der westlichen Tradition möglich, die Symbolik und die spirituellen Qualitäten eines Koyote- oder Büffelgeistes zwar intellektuell zu begreifen, aber sicher haben diese Symbole für sie, da sie ein anderes kulturelles Erbe mitbekommen haben, nicht dieselbe Wirkung wie vielleicht andere Symbole. Bei einer Schwitzhüttenzeremonie in Deutschland wäre es vielleicht besser Koyote, die traditionelle Tricksterfigur der indianischen Mythologie, durch Reineke Fuchs zu ersetzen, den listigen Schelm der mittelalterlichen Fabeln Nordwesteuropas. Bei der Arbeit mit Ritualen ist es wichtig, Informationen aus traditionellen Ritualen herauszugreifen und mit ihnen respektvoll umzugehen. Aber hüte dich davor, in die Falle zu tappen und zu denken »je älter desto besser«. Nur weil etwas alt erscheint, muß es noch lange nicht heilig gesprochen werden. Ganz allgemein gesprochen ist es nicht wichtig, ob du eine Göttin mit ihrem ältesten Namen anredest, der von einer vergessenen Kultur verwendet wurde. Wichtig ist dabei nur, daß du Kontakt mit ihrer zeitlosen Wesenheit aufnimmst. Es ist auch nicht unabdingbar, die Kraft des Südens unbedingt mit dem Koyoten zu assoziieren und die des Nordens mit dem Büffel. Wichtig ist jedoch, die Energien der vier Richtungen zu verstehen. Vielleicht willst du sie ja Tick, Trick und Track nennen. Es ist nichts daran auszusetzen, wenn diese Namen für dich wirklich eine Bedeutung haben und du sie mit Respekt verwendest, wirst du zweifellos auch eine Antwort auf deine Anrufung bekommen.

Die Naturgesetze, auf denen die Rituale der traditionellen Kulturen beruhten, sind dieselben Naturgesetze, die auch heute noch gelten. Die spirituellen Traditionen geben uns Einblick in diese Gesetze. Die Tradition leistet ihre Dienste und mit ihren Techniken lassen sich ganz besondere Ergebnisse erzielen, deren Wirkungen bekannt sind. Wende eine bestimmte Technik an, und du wirst ein bestimmtes Ergebnis bekommen. Aufgrund dieses Kausalzusammenhangs weiß man schon im voraus, welche Wirkungen durch das Sprechen eines bestimmten Gebets erzielt werden. Geht man nach der traditionell vorgeschriebenen Weise vor, wird ein Name, der Jahrhunderte lang einem bestimmten Geist vorbehalten war, ihn unweigerlich anziehen. Manche spirituellen Techniken wurden jahrhundertelang immer wieder angewandt und haben dabei eine konkrete Form der Ergebnisse festgeschrieben und die Chance eines unerwarteten Ereignisses herabgesetzt. Genau wie die Menschen lieben auch die meisten Geister, die in der nichtalltäglichen Wirklichkeit leben, Regelmäßigkeit und Vertrautheit. Für sie kann eine starr vorgeschriebene Ritualform das Signal dafür sein, ein besonderes Verhalten an den Tag zu legen oder eine bestimmte Art von Information zu übermitteln. Letztendlich ist das traditionelle Ritual ein präzise geformter Schlüssel, der in ein einziges Loch paßt. Das Ritual öffnet die Tür, und was hinter der Tür ist, kommt dann zum Vorschein.

Die Frage bleibt jedoch offen, ob du dir auf die traditionell vorgeschriebene Weise Zugang zu diesen besonderen Energien verschaffen willst. Vielleicht ist ein bestimmtes Ritual für dich als westlicher Mensch einfach zu fremd, als daß du dich dabei ganz wohl fühlen könntest. Vielleicht haben die traditionellen Symbole einer anderen Kultur für dich keinerlei Bedeutung. Vergiß nie, daß du dich zwar bewußt für andere Kulturen entscheiden kannst, aber in keinster Weise daran gebunden bist. Denke noch einmal an den Anführer der Gruppe, der die Route zwischen Punkt A und B entdeckt und dann erklärt hat, es sei der einzig richtige Weg. Ein Weg oder ein Ritual ist immer nur ein Mittel – aber was zählt, ist das angestrebte Ziel des Rituals. Obwohl die Traditionen uns viel zu bieten haben, weißt du eigentlich nie, ob es nicht doch vielleicht bessere Wege gibt, um bestimmte Ziele zu erreichen. Achte deshalb die Traditionen, bediene dich ganz unbefangen des Basiswissens, das uns durch sie vermittelt wird, und experimentiere einfach damit herum, um selbst herauszufinden, was das Beste für dich ist.

Vollzieht oder leitet man Rituale, ohne über die bereits bestehende Tradition Wissen darüber erlangt zu haben, sind neue Rituale oft ein Sprung ins kalte Wasser. Es ist unvorhersehbar, was dabei herauskommt. Beginnst du deine Arbeit ohne irgendwelche Kenntnisse über traditionelle Rituale, kannst du sicher sein, daß du viel Zeit mit Herumexperimentieren und -forschen zubringen wirst. Manchmal wirst du nicht mehr weiter wissen, ein anderes Mal werden deine Rituale unerwartete Ergebnisse liefern – sowohl positive als auch negative.

Durch Anerkennung und Beibehaltung der guten und wertvollen Dinge, die uns die Tradition zu vermitteln hat, und durch Ablegen jener, die unserer Zeit und Kultur nicht gemäß sind, wird neuen Generationen die Möglichkeit gegeben, sich neue Rituale auf der Grundlage der alten zu schaffen. Natürlich stellt diese Form der Erneuerung auch wiederum nur eine Möglichkeit dar. Solltest du dich zu einer Tradition ganz besonders hingezogen fühlen, kannst du auch ihrer ursprünglichen Form folgen. Hast du hingegen keinen besonderen Bezug zu irgendeiner Tradition, dann ist der Pfad

der Erneuerung und des Ausprobierens für dich wahrscheinlich der richtige. Manchmal wehren sich tradi-
tionsverhaftete Menschen gegen Veränderungen, da sie
befürchten, ihre Sitten und Gebräuche seien zum Un-
tergang verdammt, wenn sie nicht ganz genau so übernommen werden, wie es die Tradition vorschreibt. Meiner Ansicht nach kommt es auf die richtige Einstellung
an. Strebt man mit der richtigen Einstellung nach Erneuerung, geht die Tradition auch nicht verloren. Stellt
man dabei die Achtung und Dankbarkeit gegenüber
den traditionellen Lehrern in den Vordergrund, können
neue Rituale auf der Arbeit derer aufgebaut werden, die
uns vorangegangen sind. Wir stehen damit im wahrsten
Sinne des Wortes auf ihren Schultern, wie auch die
zukünftigen Generationen auf unseren Schultern stehen
werden.

Zu Anfang dieses Kapitels habe ich die beiden Alter-
nativen diskutiert, für die du dich entscheiden kannst:
traditionelle Rituale zum einen und neue Rituale zum
anderen. Manchmal trifft man die Wahl nicht bewußt.
Und manchmal hat man auch gar keine Wahl. Es kann
z.B. vorkommen, daß du eingeladen wirst, an einem
Ritual teilzunehmen, dessen Ursprünge dir vollkommen unbekannt sind. Es kann sich um ein traditionelles
Ritual oder ein erst kürzlich von einem Ritualleiter aus-
gedachtes handeln. Es kann aber auch keines von bei-
dem sein – denn dazwischen gibt es noch viele Misch-
formen. Manche Therapeuten arbeiten jahrelang mit
einem Ritual, das sie selbst entwickelt haben. Diese Art
von Ritual kann nicht mehr als neu angesehen werden,
denn es wird schon lange Zeit angewandt, seine Wirk-
samkeit ist erwiesen, und seine Ergebnisse sind vorher-
sehbar. Der Einfachheit halber wollen wir aber einfach
einmal annehmen, es gäbe eine klare Trennung zwischen traditionellen und neuen Ritualen. Dann mußt
du dich immer noch zwischen zwei Möglichkeiten entscheiden. Welche suchst du dir aus? Es gibt keine rich-

tige Antwort darauf, denn beide sind richtig, Tradition
und Erneuerung. Du mußt dir diese Frage im Moment
noch nicht beantworten, aber es ist wichtig, daß du anfängst, dir Gedanken darüber zu machen, welche Einstellung du zu spirituellen Traditionen hast. Nimm dir
Zeit, um dir das auszusuchen, was für dich am besten
ist.

Wenn du dich entschließt, einer bestehenden Tradition zu folgen, sind die nächsten Schritte relativ einfach.
Suche den Kontakt zu den lebenden Vertretern dieser
Kultur, und versuche von ihnen zu lernen. Du kannst dir
Bücher über diese Tradition kaufen, Filme darüber ansehen oder alles machen, was dir in den Sinn kommt, um
mehr über diese Tradition zu erfahren. Entschließt du
dich für die andere Alternative und willst also mit nicht-
traditionellen Ritualen arbeiten, so mußt du auch in diesem Fall Kontakt zu den traditionellen Kulturen suchen,
um mehr über sie zu erfahren, aber das wird nur ein Teil
deines Pfades sein. In gewisser Weise hast du mehr Verantwortung auf dich genommen und mußt in vieler Hin-
sicht dein eigener Lehrer sein. Das heißt, du mußt dich
selbst ausbilden und erziehen und deiner eigenen Arbeit
gegenüber immer kritisch bleiben, damit die Qualität
immer gleich gut bleibt. Anstatt (oder außer) deine Rituale auf Traditionen aufzubauen, wirst du andere Quellen der Kreativität und Inspiration finden.

Wie man neue Rituale schafft

Wie bereits erwähnt, entwickeln sich Rituale aus dem
Wissen, den Vorstellungen und den Bedürfnissen einer
besonderen Personengruppe, die in einer bestimmten
Zeit lebt. Alle neu geschaffenen Rituale sind eine voll-
ständige und direkte Reaktion auf die Erfahrungen der
Mitglieder einer Kultur. Das gilt nicht nur für die Kultur als Ganzes sondern auch für jeden Einzelnen.

Von Träumen über Inspiration, Intuition und logisches Denken kann alles zur Entstehung neuer Rituale beitragen. Manche Rituale basieren auf der Tradition, andere werden uns offenbart, während wir uns in einer leichten Trance befinden, und wieder andere gehen auf eine plötzliche Vision oder Eingebung zurück. Manchmal ist es schwierig, im Nachhinein genau anzugeben, wie ein Ritual entstanden ist. Wir können jedoch von Glück sagen, daß die Quellen der Ritualschöpfung leicht voneinander zu unterscheiden sind.

Eine völlig andere Methode, an neue Rituale zu kommen, besteht einfach darin, ein bereits bestehendes Ritual zu übernehmen. Die »Ritualbestände« vieler Völker enthalten häufig Rituale, die von anderen stammen. Das ist eigentlich gar keine schlechte Sache, denn je mehr Leute ein wirklich wertvolles Ritual kennen und anwenden, desto besser. Doch Ehre, wem Ehre gebührt. Jemand, der ein Ritual übernimmt, sollte immer ganz ehrlich angeben, woher er es hat – sonst kann nicht mehr von übernehmen die Rede sein, sondern von klauen. Immer wenn ich ein Ritual oder eine Übung von irgend jemand anderem übernehme, erwähne ich jedesmal, wenn ich es anwende, die Person, die es erfunden oder entdeckt hat. So kennen alle Teilnehmer die Wahrheit, und derjenige, der für die Entstehung des Rituals verantwortlich ist, erhält die Anerkennung, die ihm zusteht.

Träume
Manchmal können Träume als Inspiration für ein Ritual dienen. Das kann auf unterschiedliche Weise geschehen. Einmal kannst du über Anleitungen für ein Ritual träumen. Ein anderes Mal hörst du vielleicht im Traum ein Stimme, die dir mitteilt, daß es nötig ist, zu einem bestimmten Thema ein Ritual durchzuführen. Oder aber du träumst von jemand anderem, der ein Ritual leitet. Wenn du wieder aufwachst, können diese Rituale aus deinem Traum entweder teilweise oder auch voll-

ständig nachgemacht werden, obwohl das nicht immer
nötig ist. Manchmal reicht es auch schon aus, daß du das
Ritual im Traum vollzogen hast.

Vor Jahren hatte ich einmal einen außergewöhnlich
lebhaften Traum, in dem ein Ritual eine sehr wichtige
Rolle spielte. In dieser Zeit spielte ich mit dem Gedanken, nach Finnland zu ziehen, aber es fiel mir schwer,
eine endgültige Entscheidung zu treffen. Ich fühlte
mich bereit zu gehen, aber gleichzeitig spürte ich, daß
ich noch auf irgend etwas zu warten schien. Ich wollte
wissen, ob mein Plan in der Geisterwelt Zustimmung
fand. Der Traum, den ich hatte, spielte in Sapmi (Lappland), im äußersten Norden von Finnland. Ich befand
mich in einer Samen-Siedlung (die Samen sind die no-
madisch lebenden Ureinwohner von Lappland), und ich
mußte mich einer Prüfung unterziehen, um in die Gemeinschaft aufgenommen zu werden. Zuerst sollte ich
bei der alljährlichen Rentierschlachtung mithelfen. Ich
mußte beim Räuchern, Trocknen und Verpacken des
Fleisches helfen. Als wir mit der Arbeit fertig waren,
ging die Gruppe weg. Ich mußte alleine zurückbleiben
und den Fleischvorrat hüten. Obwohl es eiskalt war, war
ich nackt. Während ich fastete, saß ich drei Tage und
Nächte lang vor dem Fleisch und paßte darauf auf. Mir
war aufgetragen worden, weder etwas von dem Fleisch
anzurühren, noch etwas davon wegzugeben.

In meinem Traum machte ich wirklich drei Tage und
drei Nächte durch. Es kam mir wie eine Ewigkeit vor.
Schließlich kam ein Wolf angetrottet und bat mich um
ein Stückchen Fleisch. Obwohl mir eingetrichtert worden war, kein Fleisch herzugeben, gab ich dem Wolf ein
Stück. Ich hatte das Gefühl, der Wolf habe mindestens
genausoviel Recht zu leben wie die Menschen und niemand dürfe verhungern, solange es Nahrung gab. Gleich
nachdem der Wolf verschwunden war, erschien ein altes Weibchen und erzählte mir, daß ich das Richtige getan hatte. Das war meine Prüfung gewesen. Das alte

Weibchen gab mir drei Rentierfelle zum Anziehen. Diese Felle waren ein Zeichen dafür, daß ich meinen ersten Test bestanden hatte. Danach folgten noch mehr Rituale und Prüfungen, bis ich schließlich in die Gemeinschaft aufgenommen wurde. Als ich aufwachte, hatte ich das Gefühl, Wochen weg gewesen zu sein. Außerdem hatte ich nun das sichere Gefühl, aus den anderen Wirklichkeiten die Erlaubnis erhalten zu haben, nach Finnland zu ziehen.

Vor nicht allzulanger Zeit hatte ich einen Traum, in dem ich ein Ritual vollzog, das ich für Gruppen anwenden konnte. Etwa zehn Personen standen in einem Kreis und ich in dessen Mitte. Alle außer mir hatten ein Stück Zeitungspapier in der Hand und raschelten damit. Der Effekt war unglaublich, das ganze Geraschel um mich herum machte ein Geräusch, das auf mich herabfiel wie Regen. Aber es war kein richtiger Regen, es schien eher, als regne es in meinem Körper, als ob mein Inneres reingewaschen würde. Es war einfach phantastisch! Nach zwei Minuten hatte sich soviel Energie aufgebaut, daß mein Körper sie nicht länger halten konnte und ich in Ekstase verfiel. Der Traum dauerte nur etwa zwei Minuten, aber ich wachte mit einem Gefühl auf, als wäre ich im Ozean geschwommen.

Ein paar Tage später hatte ich Gelegenheit, dieses Ritual mit einer meiner Gruppen auszuprobieren. Zuerst waren die Teilnehmer etwas überrascht, als ich einen Stapel Zeitungen aus meiner Tasche zog, aber als ich ihnen von meinem Traum erzählte, waren alle bereit, es auszuprobieren. Wir rissen die Zeitungen in Fetzen, die leicht zu handhaben waren. Dann begannen wir das Ritual, indem wir einen Kreis bildeten und uns eine Weile aufeinander einstimmten. Dann begab sich die erste Person in die Kreismitte, und der Rest von uns fing an, mit dem Papier zu rascheln. Es war ein aufregendes Geräusch! Das Ergebnis war nicht so extrem wie in meinem Traum, weniger ekstatisch, aber äußerst erfri-

schend. Am Ende des Rituals hatten alle schwarze Hände
von der Druckerschwärze – das hatte mein Traum nicht
vorhergesehen. Wenn ich jetzt mit diesem Ritual arbeite,
bringe ich nicht nur einen Stapel Zeitungen mit, sondern auch ein Stück Seife. Außerdem habe ich heraus-
gefunden, daß Zeitungen nach etwa einer halben Minute nicht mehr richtig rascheln, deshalb sorge ich immer dafür, daß jeder genügend Papier zur Verfügung hat.

Auswahl

Manche Rituale nehmen nur langsam Gestalt an. Ein
Ritual kann aus einer Kombination von verschiedenen
Dingen entstehen, die eine Auswahl dessen sind, was du
weißt und was du erlebt hast. So kann sich ein Ritual
beispielsweise aus einer Kombination von Sportübun-
gen, zufällig in einem Reisebüro aufgeschnappten Informationen, Bewegungen eines Tiers und einem Abschnitt aus einem Buch zusammensetzen, der dir aus irgendeinem Grund nicht mehr aus dem Sinn gehen will.
Mit Hilfe deiner Intuition, Assoziation oder deines logischen Denkvermögens kannst du all diese verschiedenen Elemente unter einen Hut bringen und eine neue
Kombination daraus entstehen lassen, die eine Wirkung
hat, die dir gefällt. Das Ritual ist erst dann vollständig,
wenn du alle Elemente beisammen hast. Manchmal
kann das Jahre dauern. Dann kommt plötzlich der Moment, in dem dir klar wird, daß du jetzt genau die richtige Form gefunden hast. Vielleicht geht dir erst da auf,
daß du eigentlich schon die ganze Zeit dabei warst, ein
neues Ritual zusammenzustellen.

Während meiner Kurse beginne ich den Tag im allgemeinen mit dem, was ich meine Grundübung nenne.
Vor dem Frühstück versammeln sich alle Teilnehmer zu
einer Übung, bei der Körper, Stimme und Bewegung
eingesetzt werden. Sie ist in vier, etwa gleich lange Ein-
heiten aufgeteilt. Je nach der zur Verfügung stehenden
Zeit dauert die ganze Übung zwischen 40 und 60 Mi-

nuten. Während des ersten Teils der Übung sitzen die
Teilnehmer auf dem Boden, geben Töne von sich und
bewegen dabei leicht ihren Körper. Beim zweiten Teil
stehen sie auf und machen wieder Geräusche. Aber dieses Mal lassen sie ihren Körper frei bewegen, solange es
keine erzwungenen Bewegungen sind. Die Geräusche
und Töne sind sehr wichtig dabei. Im dritten Teil der
Übung lassen die Teilnehmer ihren Körper einfach
in verschiedene Stellungen hineingleiten und hören
dabei im Hintergrund eine Trommel oder Rassel. Und
im letzten Teil wird alles miteinander kombiniert
– Töne, Bewegungen, Stellungen, Rasseln und/oder
Trommeln –, um daraus ein Lied oder einen Tanz entstehen zu lassen.

Diese Übung ist das Ergebnis eines jahrelangen Reifeprozesses, in den Ideen unterschiedlichster Herkunft
eingeflossen sind. In den späten siebziger Jahren meditierte ich regelmäßig im Bhaghwan-Meditationszentrum in meinem Stadtteil. Eine der Meditationen, die sogenannte Devavani oder »Stimme Gottes«, bestand aus
vier Teilen. Während des ersten Teils wurde 15 Minuten lang Musik gespielt, die an die Kindheit erinnerte.
Danach war 15 Minuten lang Brabbeln wie ein kleines
Kind angesagt, während man weiter auf dem Boden sitzen blieb. Anschließend nochmal 15 Minuten Brabbeln
im Stehen. Und die letzten 15 Minuten verbrachte man
auf dem Boden liegend mit Schweigen. Der Brabbel-
Teil machte mir immer besonders viel Spaß, und ich
kombinierte ihn eine Zeitlang mit schamanischen Techniken, um Geräusche zu erzeugen.

In meinen Gruppen arbeite ich oft auf ganz sanfte
Weise mit dem Körper. Ich bitte die Teilnehmer beispielsweise, zuzulassen, daß ihr Körper spontan Stellungen einnimmt, die sich gut anfühlen. Irgendwann fing
ich dann an, das Ganze mit Latihan zu kombinieren.
Latihan ist eine Methode, mit der ein Mensch durch
Töne und spontane Bewegungen in Ekstase geraten

kann, um sich ganz der Verehrung der göttlichen Energie hinzugeben. Die »Grundübung«, die ich jetzt in
meinen Kursen benutze, ist eine optimale Verschmel-
zung aus Baghwanmeditation, schamanischen Liedern
und Trance-Techniken, der Latihan-Methode, Körper-
arbeit und dem Wunsch, den Körper auf möglichst angenehme Weise aufzuwecken.

Inspiration oder Eingebung

Ein Abschnitt in einem Buch, ein zufällig aufgeschnapp-
ter Satz im Radio, ein Gedankenblitz beim Schuhezu-
binden, ein ganz besonderer Geruch oder stundenlan-
ges Dasitzen in Schweigen – wer kennt sie nicht, diese
Momente, wenn einem plötzlich total verrückte aber
auch ganz normale Dinge durch den Kopf schießen, die
als Inspiration für ein neues Ritual dienen können. Im
Bruchteil einer Sekunde geht dir ein Gedanke auf, der
dich gleichzeitig auf körperlicher, emotionaler, geistiger
und spiritueller Ebene berührt. Wie kann man Inspiration oder Eingebung richtig beschreiben? Auf jeden Fall
handelt es sich dabei immer um ganz besondere Erfahrungen. Egal was und wie es passiert, das Wesentliche
dabei ist die Information, die uns dabei vermittelt wird.
Du mußt dir nicht länger Gedanken über etwas machen,
denn plötzlich siehst du die Zusammenhänge ganz klar.
Ein Verständnis überkommt dich plötzlich und wird zu
einem Teil von dir.

Das Wort Eingebung, das soviel heißt wie plötzliches,
klares Verständnis, löst bei uns meistens positive Asso-
ziationen aus. Leider können die Dinge, die uns dabei
offenbart werden auch schmerzhaft, negativ oder be-
lastend sein. Eine Eingebung ist von ihrer Kraft her gesehen sehr eindrucksvoll und kann dein Leben von einem Moment auf den anderen verändern. Ist ein Ritual
aus wirklicher Inspiration oder Eingebung heraus entstanden, so zweifle nie, ob du es durchführen sollst oder
nicht. Mach es einfach.

Vor Jahren standen plötzlich zwei Freundinnen von mir vor der Tür und erzählten mir, daß eine gute Freundin Selbstmord begangen habe. Noch bevor ich die Nachricht erfuhr, hatte ich schon gespürt, daß jemand gestorben war, der mir nahestand. Jemand hatte sofort mehrfach versucht, Kontakt mit mir aufzunehmen. Die Versuche waren auf eine Art und Weise erfolgt, wie sie normalerweise nur Geister benutzen, die gerade die Schwelle des Todes überschritten haben, um meine Aufmerksamkeit zu erregen. Wenn das geschieht, höre ich bestimmte Geräusche in der Phase zwischen Wachen und Schlafen. Zum damaligen Zeitpunkt ignorierte ich diese Versuche, da ich selbst schwere Zeiten durchmachte und mich nicht in der Lage fühlte, zusätzliche Energie aufzubringen, um diese Person zu ihrem Ruheplatz in den anderen Wirklichkeiten zu begleiten.

Als ich die Nachricht über den Selbstmord meiner Freundin hörte, war mir plötzlich alles klar. Daß es gerade diese Freundin war, die mit mir Kontakt aufnehmen wollte, verblüffte mich. Meine Gedanken wurden ganz ruhig, und einen Moment lang stand ich wie unter einem leichtem Schock. Bei diesem inneren Ruhigwerden geschah etwas, was ich Eingebung nenne: Ich fühlte mich plötzlich, als müßte ich vor lauter Information bersten. Ich war eine der letzten Personen gewesen, die mit ihr vor ihrem Tod gesprochen hatten. Sie hatte mich sogar an jenem Abend eingeladen, auf einen Sprung bei ihr vorbeizuschauen. Ich hatte ihre Einladung damals nicht angenommen. Später fand ich heraus, daß sie zu jenem Zeitpunkt schon fast alle Kontakte zu Freunden und Familienmitgliedern abgebrochen hatte. Offensichtlich mußte ihr kurz vor ihrem Tod der Gedanke gekommen sein, ich könnte ihr auf die eine oder andere Art helfen.

Ich kann hier nicht in allen Einzelheiten beschreiben, was mir offenbart wurde, aber ich erhielt Informationen über ihren Aufenthaltsort, ihren Zustand, und was ich tun mußte, um ihr zu helfen. Entsprechend der In-

formation hielt ich mehrere Wochen lang jeden Abend
ein Ritual ab. Das war eine schwere Aufgabe für mich.
Viele Menschen um mich herum trauerten über ihren
Tod. Niemand schätzte es besonders, als ich ihnen zu
erzählen versuchte, daß ich immer noch mit ihr Kontakt hatte.

Dieses Ritual forderte viel Kraft. Es war auch schwierig, weil ich mich so isoliert fühlte. Eine langwierige
Arbeit mit jemandem, der auf fürchterliche Weise um-
gekommen ist, wie das bei meiner Freundin der Fall
war, ist äußerst intensiv und kann auch gefährlich sein,
weil man sozusagen mit der Person verschmelzen muß.
Um Kontakt aufzunehmen, muß dein Bewußtsein eins
werden mit dem ihrigen. Das bedeutet, daß du dich direkt in das Chaos und die Panik hineinbegibst, die sie
im Moment des Todes empfunden hat. Du mußt nicht
nur in der Lage sein, dich durch das Umgehen mit den
Gefühlen der anderen Person nicht aus dem Gleichgewicht bringen zu lassen, sondern auch mit deinen eigenen Gefühlen, die in dir aufsteigen, zurechtkommen.
Doch da die Intensität, mit der mir diese Informationen
und Anweisungen enthüllt wurden, so stark war, hatte
ich nie das Gefühl, damit aufhören zu müssen. Es gab
keinen Raum für Zweifel. Ich begab mich bis an meine
äußersten Grenzen, und nach vier Wochen erreichte ich
sie schließlich. Inzwischen war meine Freundin schon
so weit vorgedrungen, daß sie sich der Versuche der
Geisthelfer bewußt wurde, die ihr helfen wollten. Jetzt
konnte ich die restliche Arbeit ihnen überlassen. Etwa
sechs Monate später träumte ich dann, ich ginge eine
Landstraße entlang. Ich kam an eine Kreuzung und sah
in einiger Entfernung jemand Fahrrad fahren. Es war
meine Freundin. Wir unterhielten uns kurz. Sie war gekommen, um mich zu beruhigen, daß alles mit ihr in
Ordnung war. Sie entschwand in die Richtung, aus der
sie gekommen war, und ich ging weiter auf der Landstraße entlang und fühlte mich gut.

Logisches Denken
Schon allein durch logisches Denken kannst du wunderschöne und wirkungsvolle Rituale ins Leben rufen. Du kannst dir bestimmte Fragen stellen und anfangen, mit den Antworten zu arbeiten. Was ist das Ziel, das du damit erreichen willst? Welche Kräfte mußt du anrufen und um Hilfe bitten, um dorthin zu gelangen? Hast du schon früher versucht, dieses Ziel zu erreichen und wenn ja, hast du etwas aus deinen Versuchen gelernt? Wen wirst du zur Teilnahme einladen? Was genau wirst du bei dem Ritual machen? Wielange wird das Ritual dauern?

Eines meiner ersten Projekte war das Pfeiltanz-Projekt. Es war auch eines der längsten Projekte, an denen ich je arbeiten sollte. Es dauerte mehr als ein Jahr. Das Thema des Projekts waren Rituale, aber am Anfang wußten die Teilnehmer fast gar nichts über Rituale. Meine Aufgabe war es, dieses Projekt zu leiten und rituelle Kostüme anzufertigen. Wir dachten uns Tänze und Rituale aus, bei denen diese Kostüme getragen werden konnten. Mit diesem Projekt versuchten wir herauszufinden, wieviel Bedeutung Rituale und Ritualtänze für westliche Menschen haben, die in einer modernen Gesellschaft leben. Dazu versuchten wir, uns eigene Rituale zu Themen auszudenken, die wir interessant fanden. Wir entschieden uns bewußt dafür, uns nicht sofort auf die Suche nach traditionellen Ritualen zu machen. Auf diese Weise konnten die Teilnehmer frei mit ihren eigenen Vorstellungen arbeiten, ohne von anderen Kulturen und anderem Gedankengut beeinflußt zu werden.

Einer der Tänze, die wir aufführten, war ein Tanz zur Feier des Jahreszeitenwechsels, dessen Ursprünge vollkommen auf logischen Überlegungen beruhen. Zuerst entschieden wir uns dafür, einen Tanz zu dem Thema Jahreszeiten aufzuführen. Aber wie? Ich fing an, alle Teilnehmer nach ihrer Meinung zu diesem Thema zu fragen. Was ist das Ziel, das wir uns setzen wollen, indem wir einen Jahreszeitentanz aufführen? Was bedeuten die Jahreszeiten für uns? Was wissen wir über die vier Jahreszeiten? Was sind die Farben, Formen, Materialien und Tiere, die zu jeder der vier Himmelsrichtungen gehören? Anhand der Liste von Antworten und Ideen, die wir bei unserem Gespräch gesammelt hatten, fing ich an, die Kostüme zusammenzustellen. Ich griff soviele Ideen der Teilnehmer wie möglich auf. Als die Kostüme fertig waren, und wir wieder zusammenkamen, gingen wir zum nächsten Schritt über. Ebenfalls anhand der Liste begannen wir, uns Fragen zu stellen. Wie können wir diese Ideen in Rhythmus und Bewegung umsetzen? Wie können wir diese verschiedenen Bewegungen miteinander verbinden? Welche Klänge sollten benutzt werden? Als nächstes zogen wir uns die Kostüme an und begannen einfach herumzuprobieren. Am Jahresende war daraus ein äußerst fröhlicher Jahreszeitentanz geworden.

Anleitungen

Menschen, die sich mit spirituellen Disziplinen befassen, die zu einer Bewußtseinsveränderung führen, können manchmal Anleitungen erhalten, wie Rituale abzuhalten sind. Solche Anleitungen für Rituale können beim Meditieren und bei allen möglichen Formen leichter Trance durchgegeben werden, die in Hypnose, beim Tanzen, Singen und bei der schamanischen Arbeit auftreten kann. Diese Art von Information wird uns häufig teilweise in Symbolen offenbart. Meist ist es am besten, ein Ritual schon kurze Zeit nach Erhalt der Anweisungen durchzuführen. Die meisten dieser Anweisungen beziehen sich nämlich auf die Situation, in der man sich zu jenem Zeitpunkt gerade befindet.

Normalerweise beginne ich meine Trainingskurse und Gruppenarbeit immer mit demselben Ritual, sobald jeder seinen Platz im Raum eingenommen hat. In

Begleitung verschiedener Rasseln singe ich etwa eine halbe Stunde lang zur Begrüßung der vier Himmelsrichtungen, der Elemente, der oberen, unteren und mittleren Welt. Damit lade ich die Geister ein, sich für die Zeit des Kurses zu uns zu gesellen, und bitte sie um Informationen, wie ich mit der Gruppe am besten vorgehen soll. Während dieser Übung erhalte ich regelmäßig Anleitungen für Rituale. Manchmal geht es dabei um Rituale, mit denen ich bereits gearbeitet habe, aber oft werden mir auch ganz neue Rituale gezeigt.

Irgendwann gab ich einmal einen Schamanenkurs für Männer. Beim Rasseln und Singen zu Anfang des Kurses tauchten folgende Bilder vor meinen Augen auf: Zuerst sah ich ein in Blätter gekleidetes, braunes Hutzelmännchen aus der Erde herauskriechen; danach fand ich mich auf einer kleinen Straße in einem türkischen Dorf wieder, von der aus ich eine Gruppe von Frauen und Mädchen auf einem Platz tanzen sah. Die stilisierten Bewegungen hatten alle etwas mit Haus- und Handarbeit zu tun. Einen Augenblick lang sah ich die Bewegung des Wäschewaschens, dann war das Bild wieder verschwunden. Während die Bilder so an mir vorüberzogen, bekam ich außerdem die Anweisung, daß wir als Männergruppe den Geist von Vater Erde anrufen sollten. Dazu sollten wir uns in einen Kreis setzen und mit unseren Händen rhythmisch auf den Boden schlagen, ähnlich wie die Frauen es bei ihrem Tanz auf der Staße getan hatten.

Als ich der Gruppe dann von dem Ritual erzählte, waren die Teilnehmer zuerst etwas konsterniert darüber, daß wir den Geist von Vater Erde anrufen sollten. Die meisten Menschen sind daran gewöhnt, sich die Erde als rein weibliche Energie vorzustellen. Doch in vielen Traditionen wurden sowohl weibliche als auch männliche Erdgötter und -göttinnen verehrt, genauso wie es weibliche und männliche Himmelsgötter und -göttinnen gab. Wir fuhren also mit dem Experiment fort, und am Ende jeder Gruppensitzung schlugen wir mit der flachen Hand auf den Boden, sangen und baten Vater Erde, uns Gesellschaft zu leisten. Ob Vater Erde dadurch tatsächlich angerufen wurde oder ob er überhaupt in der Form, in der wir ihn anriefen, existiert, ist nicht wirklich klar. Doch umso klarer waren die Wirkungen: Das Singen und Auf-den-Boden-Schlagen schien eine anhaltende stärkende Wirkung zu haben. Nach einigen Programmen hielten wir deshalb das Ritual ab, und merkten, daß bei allen nahezu die ganze Müdigkeit und Erschöpfung verflogen war.

Tradition
Es mag zwar widersprüchlich klingen, aber Tradition kann oft als Quelle für neue Rituale dienen. Betrachtet man traditionelle Rituale einmal aus einer anderen Perspektive, so kann man manchmal völlig neue Ideen und Arbeitsweisen darin entdecken.

In vielen Kulturen steht der Kreis oder das Rad für alle Aspekte des Lebens. Bei den Ureinwohnern Amerikas und den Druiden ist es das Medizinrad, bei den Buddhisten das Rad des Karmas und auch sonst gibt es noch viele Beispiele dafür. Es gibt verschiedene indianische Traditionen, die mit dem Medizinrad arbeiten, aber ich persönlich finde, daß die Symbole, die dabei benutzt werden, zu wenig mit meiner westlich beeinflußten Persönlichkeit zu tun haben. Um herauszufinden, ob man ein Medizinrad machen könnte, das auch die Erfahrungen der Menschen aus den westlichen Kulturen anspricht, beschloß ich ein Projekt zu starten. Mit einer kleinen Gruppe ging ich fünf Tage zelten. Als Ausgangspunkt benutzten wir die traditionelle Form, einen Kreis mit vier Kardinalpunkten und einem Mittelpunkt. Jeden Morgen arbeitete jeder für sich allein mit dem Kreis, und nachmittags tauschten wir dann in der Gruppe unsere Erfahrungen und neuen Entdeckungen aus.

Als ersten Schritt überlegte sich jeder Teilnehmer, welches seine typischen Gedanken-, Gefühls- oder Verhaltensmuster sind. Er sollte sich dann ein Muster aussuchen, das sich immer wiederholte, als bewege er sich endlos im Kreis herum. Das Muster wurde in seine verschiedenen Phasen aufgeschlüsselt, und die Phasen wurden dann der Reihe nach in einen Kreis eingezeichnet. Am nächsten Tag faßte dann jeder diese Phasen zu vier verschiedenen Punkten zusammen. Tags darauf ordneten wir dann jedem Punkt eine Farbe, ein Element und eine der vier Himmelsrichtungen zu. Schließlich malten wir dann einen großen Kreis auf einer Lichtung im Wald auf und markierten die Punkte, die die vier Himmelsrichtungen symbolisierten. Einen ganzen Tag lang fertigten wir kleine Skulpturen und Symbole an und legten sie in den Kreis an den Ort, an den sie unserer Meinung nach hingehörten. Wir verrichteten unsere Arbeit schweigend. Erst am nächsten Tag teilten wir uns mit, welche Bedeutung die Dinge hatten, die wir gemacht hatten, und weshalb wir sie an den jeweiligen Ort gelegt hatten. Interessant dabei war, daß vieles von dem, was wir gemacht hatten, eine Beziehung zu dem traditionellen Medizinrad aufwies, doch waren die Symbole persönlicher und moderner. So hatte zum Beispiel jemand einen Abschiedsbrief, der an einen Zweig gebunden war, an die Stelle des Herbstes gelegt, während eine andere Person an die Stelle des Frühlings kleine verpackte Geschenkchen gelegt hatte, die die Verheißungen des Frühlings verkörpern sollten. Auch wenn wir unsere eigene Erfahrung zum Ausgangspunkt genommen hatten, war das Ergebnis letztendlich ein ziemlich traditionelles Medizinrad, das jeder als solches erkennen konnte, da die Symbole zeitgemäß und leicht verständlich waren.

Intuition und Impuls

Du führst gerade ein Ritual durch oder leitest eine
Gruppe und hast dabei ein bestimmtes Programm im
Kopf. Beim Arbeiten kommt dir plötzlich etwas Neues
in den Sinn – etwas anderes als das, was du ursprünglich
geplant hast. In diesem Augenblick spricht deine Intuition. Machst du das Programm wie geplant weiter oder
folgst du stattdessen deiner Intuition? Die Schwierigkeit
mit der Intuition besteht darin, daß du mit ihr ein bißchen herumexperimentieren mußt, um sicher gehen zu
können, daß die Stimme, die da spricht, auch wirklich
deine Intuition ist oder vielleicht etwas anderes. An-
stelle der Stimme der Intuition könnte es zum Beispiel
auch die Stimme der Faulheit sein, die einfach keine
Lust hat, das Programm weiterzumachen und im Handumdrehen einen neuen Vorschlag bereit hat. Du kannst
deine Intuition erkennen lernen, indem du darauf achtest, was du genau in dem Moment, in dem dir die neue
Idee kommt, empfindest. Bei mir ist Intuition zum Beispiel oft von einem starken Gefühl der Sicherheit und
des Zweifels begleitet. Der Zweifel rührt von meinem
Ego her. Intuition läuft nicht über rationale Kanäle, und
die Persönlichkeit hat nur wenig oder gar keinen Einfluß darauf. Du spürst sie mit deinem ganzen Wesen. In
dem Moment, in dem du die subtilen Gefühle und Reaktionen wahrnimmst, die mit deiner Intuition einher-
gehen, weißt du auch, welchen Impulsen du problemlos
folgen kannst.

Als ich einmal einen Schamanenkurs leitete, hatte ich
ein Programm geplant, bei dem ich mit der spirituellen
Kraft der Tiere arbeiten wollte. Ich wollte eine Übung
machen, bei der die Teilnehmer in eine leichte Trance
eintreten, um mit einem Tier Kontakt aufzunehmen
und es um Rat und Kraft zu bitten. Im Schamanismus
wird sehr viel mit Tieren gearbeitet, sie sind sogar eine
der wichtigsten Gruppen der Geisthelfer. Gerade als wir
mit der Übung beginnen wollten, bekam ich ein un-

gutes Gefühl, und als ich mich auf dieses Gefühl konzentrierte, schoß mir intuitiv ein Gedanke durch den
Kopf. Bevor wir mit der geplanten Übung weiter-
machen konnten, mußten wir zuerst noch etwas anderes tun. Und zwar war mir der Gedanke gekommen,
daß wir zuerst ein einfaches Ritual abhalten sollten. Ich
hatte vor, die Tiergeister um Hilfe und Unterstützung
für unsere Übung zu bitten. Doch bevor wir das tun
konnten, mußten wir zuerst die Rollen vertauschen und
etwas für sie tun.

Ich bat alle, sich in einen Kreis zu setzen und erklärte
ihnen, was wir als nächstes machen wollten. Auf der
ganzen Welt werden Tiere gejagt. Durch die dabei ver-
wendeten Methoden sterben viele Tiere unnötig. Als
beabsichtigte oder unbeabsichtigte Opfer sterben unzählige Tiere einen grausamen Tod in Fallen, Fallgru-
ben und Schleppnetzen. Das Ritual, das wir abhalten
wollten, sollte für diese Tiere sein. Es war ganz einfach.
Wir saßen im Kreis, sangen und rasselten dazu. Durch
Töne, Konzentration und Visualisierung ließen wir eine
Säule reinen Lichts in der Mitte des Kreises entstehen.
Das Singen versetzte uns alle in eine leichte Trance, in
der wir Kontakt mit den Geistern aller möglichen Tier-
arten aufnehmen konnten, die in irgendwelchen Fallen
zu Tode kamen. Über die Lichtsäule schickten wir den
Tiergeistern heilende Energie. Mit Hilfe dieser Energie
konnten sie sich heilen und von der Angst und Panik
befreien, die sie bei ihrem Tode empfanden. Wir sangen ungefähr 20 Minuten lang. Es war eine äußerst intensive Erfahrung. Danach machten wir mit dem plan-
mäßigen Programm weiter.

Inspiration
In dem Moment, in dem du inspiriert wirst, fließen die
Ideen nur so durch deinen Kopf, und du wirst von einem Gefühl der freudigen Erregung und Lebensfreude
erfüllt. Du hast das Gefühl, auf dem richtigen Weg zu

sein und würdest dich am liebsten sofort an die Arbeit
machen, denn du weißt jetzt, was du machen sollst, und
wichtiger noch, wie du es am besten anpackst. Inspiration kann nicht hervorgerufen werden, wie etwa
Trancezustände. Das einzige, was du machen kannst, ist
die richtige Atmosphäre schaffen und warten, bis sie
kommt. Bei manchen hilft es, in einen Film oder ein
Konzert zu gehen oder ein anregendes Gespräch mit
einem Freund zu haben, für andere ist die beste Methode, inspiriert zu werden, in die Natur hinauszuge-
hen. Viele Menschen überkommt die Inspiration jedoch
ganz plötzlich, ohne ersichtlichen Grund. Es passiert
einfach.

Vor einiger Zeit machte ich einmal einen nächtlichen
Bummel durch die Stadt. Es war total dunkel. Ich kam
zu einer Brücke über einen Kanal und sah ein paar
Lichter, die sich im Wasser spiegelten und mir irgendwie mysteriös vorkamen. Ob es diese Lichter waren
oder weiß der Himmel was, ich wurde auf jeden Fall
von einem Moment auf den anderen vollständig in einen inspirierten Zustand versetzt. Die Brücke erschien
mir als das Symbol für das Alltagsleben in dieser Wirklichkeit und das Wasser als ein Symbol für Spiritualität.
Ich stand mitten auf der Brücke und dachte: Das ist genau der Punkt, an dem ich mein Leben führen will, der
Punkt, an dem sich die alltäglichen und spirituellen
Wahrheiten überschneiden. Aber ich möchte auch in
beiden verwurzelt sein. Ich wurde dazu inspiriert, eine
kleine Zeremonie für Elegba abzuhalten, einen der wichtigsten westafrikanischen Götter. Elegba ist ein Gott,
den man immer an Wegkreuzungen trifft (hier war es
eine aus Wasser und Asphalt). Er gibt dem Menschen
einen kleinen Schubs in die Richtung, die für ihn am
besten ist, auch wenn das nicht unbedingt die Richtung
ist, in die er gehen will. Elegba ist ein Schelm, ver-
gleichbar der Tricksterfigur oder dem Koyoten in der
Tradition der nordamerikanischen Indianer. Da er alle

Sprachen versteht, arbeitet er als Übersetzer und kann Botschaften an die Wesen in der Geisterwelt übermitteln.

Tja und was passierte also: nichts anderes, als daß ich mitten in der Nacht mitten in Amsterdam anfing, ein Ritual für Elegba zu improvisieren, das auf der traditionellen Methode zur Anrufung eines Gottes aufbaute. Ich sang die traditionelle Elegba-Melodie, klatschte im Rhythmus dazu in die Hände und warf Münzen aus meinem Geldbeutel als Opfergabe auf die Brücke. Aus vollem Halse schrie ich Elegba entgegen, daß ich mein Leben am Schnittpunkt zwischen den alltäglichen und nichtalltäglichen Wirklichkeiten in Harmonie leben wollte. Ich bat ihn, diese Botschaft an alle weiterzugeben, die sie in der Geisterwelt hören wollten, und sie zu bitten, meine Arbeit zu unterstützen. Du kannst dir nicht vorstellen, welches Aufsehen ich damit bei den zufällig vorbeikommenden Passanten erregte. Aber ich fuhr einfach mit dem Ritual fort, dämpfte allerdings meine Lautstärke etwas, wenn jemand vorüberging. Es war aufregend, dieses Ritual abzuhalten. Der inspirierte Zustand, in dem ich mich befand, fühlte sich phantastisch an. Ich wußte einfach, daß das, was ich tat, richtig war, obwohl die Passanten beim Vorübergehen dreimal über die Schulter zurückschauten.

Rituale übernehmen

Du nimmst an einem Kurs teil, bei dem ein Ritual vollzogen wird, das dich wirklich berührt. Später beschließt du, das Ritual selbst abzuhalten. Oder vielleicht schaust du dir einen Film an, in dem zwei Menschen miteinander streiten, und dann fällt dir ein inspirierendes Ritual ein, das ihre Freundschaft retten könnte. Daraufhin beschließt du, dieses Ritual das nächste Mal, wenn du wieder mit deinem Partner streitest, mit ihm zu machen.

Hin und wieder bediene ich mich eines sehr einfachen Rituals, das ich von Ivana Caprioli übernommen habe.

Ivana ist eine der wenigen westlichen Medizinfrauen.
Sie verwendet bei ihren Kursen viele schamanische Ri-
tuale. Bei diesem Ritual, dem Spiralentanz, handelt es
sich um ein einfaches Ritual, bei dem sich die Teilneh-
mer an den Händen fassen und sich dann langsam in
Form einer Spirale bewegen. Zuerst dreht sich die Spi-
rale nach innen, dann ändern alle die Richtung und die
Spirale dreht sich nach außen. So geht das mehrmals
immer hin und her. Eine Person steht in der Mitte der
Spirale und spielt einen Trance-Rhythmus auf einer
Schamanentrommel. Die Teilnehmer versuchen mit der
Kraft der Spirale in Kontakt zu kommen. Spiralen finden sich überall in der Natur, so sind beispielsweise die
Milchstraße als auch die DNA spiralförmig aufgebaut.
Die Lebensenergie organisiert sich auf der Mikro- wie
auf der Makroebene in Form von Spiralen. Das Bilden
und Tanzen einer Spirale gibt jedem Teilnehmer die
Möglichkeit, etwas von seiner Energie und Lebenskraft
zu spüren.

Nur weil du auf ein Ritual gestoßen bist, das dich inspiriert und den Ort anspricht, an dem du lebst, heißt
das noch lange nicht, daß du es auch benutzen kannst.
Im Prinzip ist es immer besser, zuerst um Erlaubnis zu
fragen. Viele Traditionalisten sind jedoch nicht immer
glücklich darüber, wenn andere ihre Rituale benutzen.
Und noch schwieriger wird die ganze Sache dadurch,
daß es im allgemeinen als unhöflich gilt, um Erlaubnis zu bitten, ob man die Rituale abhalten darf. Viele
Mitglieder einer traditionellen Kultur würden sich
niemals getrauen, die Frage überhaupt aufzuwerfen. In
den meisten Traditionen zeigt der Lehrer seinen Schülern erst dann bestimmte Techniken, wenn er glaubt,
daß sie reif dafür sind. Ein Schüler kann aber nur mit
dem arbeiten, was ihm ausdrücklich zur Verwendung
übergeben wurde. Bis der Schüler selbst Schamane oder
Medizinmann ist, muß er sich an diese Abmachung halten.

Es hat oft seine guten Gründe, weshalb jemand bestimmte Rituale nicht ausführen soll. Vielleicht verbietet es die Tradition. Oder manchmal scheint ein Ritual ganz einfach zu sein, während der Ritualleiter in Wirklichkeit äußerst komplizierte Handlungen vollzieht. Die Handlungen können für Nicht-Initiierte sogar gefährlich sein, denn sie wissen nicht immer, was sich hinter den Kräften verbirgt, die da angerufen werden und mit denen gearbeitet wird. Wenn der Ritualleiter glaubt, daß du dir bei der Durchführung eines bestimmten Rituals möglicherweise die Finger verbrennen könntest, wird er dir nicht die Erlaubnis geben, es zu verwenden. In vielen Kulturen gilt es als unhöflich, etwas direkt abzulehnen, in diesen Fällen kann die Antwort eines Heilers uns westlichen Menschen häufig freundlich, aber ziemlich vage vorkommen. In solchen Situationen mußt du lernen, »zwischen den Zeilen zu lesen«, um verstehen zu können, was damit eigentlich wirklich gemeint ist. Und wenn die Antwort Nein lautet, dann ist es auch Nein.

Wenn du auf ein Ritual stößt, das du gerne für dich oder mit anderen verwenden möchtest, ist es meiner Ansicht nach am besten, in irgendeiner Form um Erlaubnis zu bitten. Bitte am besten den Schöpfer oder Hüter des Rituals selbst um Erlaubnis. Wenn das nicht möglich ist, setze dich mit deinen Geistführern in Verbindung. Oder versuche einfach, ein kleines Ritual abzuhalten, um die Antwort in dir selbst zu finden.

Neue Rituale als Tor zu den Traditionen

Ein neues Ritual, das deinen eigenen inneren Quellen entspringt, kann einen entscheidenden Vorteil gegenüber einem Ritual haben, das aus einer Kultur stammt, die dir ganz fremd ist. Dieser Vorteil liegt vor allem darin, daß die Symbolsprache, auf der sich das neue Ri-

tual aufbaut, nicht nur eine Verbindung zu deiner eigenen Erfahrungswelt herstellt, sondern auch zu der Kultur und Zeit, in der du lebst. Wenn du ein neues Ritual
zusammenstellen möchtest, wirst du merken, daß es
normalerweise zwei Quellen gibt, aus denen du Information schöpfen kannst: die persönliche und die transpersonale Ebene. Die Grenzen zwischen diesen beiden
Bereichen lassen sich nicht immer klar ziehen, doch
kann die transpersonale Ebene im großen und ganzen
mit dem kollektiven Unbewußten gleichgesetzt werden.
Es ist der Bereich, der allen Menschen über Symbole,
Träume und Trance zugänglich ist.

Wenn du aktiv nach einem neuen Ritual Ausschau
hältst, kannst du versuchen, dich eine Weile von den
Grenzen deiner Persönlichkeit und deinen rein persönlichen Erfahrungen freizumachen. Um einen solchen
Prozeß in Gang zu setzen, versetzt du dich über Töne
oder Visualisierung in einen leichten Trancezustand.
Anschließend dringst du in das Reich des kollektiven
Unbewußten oder des Transpersonalen vor. Vielleicht
weißt du gar nicht, wie oft du in deinem Alltagsleben
bereits die Schwelle vom persönlichen zum transpersonalen Bereich überschreitest. Wenn du z.B. im Zug
sitzt und von seinem rhythmischen Rattern ganz gedan-
kenverloren aus dem Fenster schaust, beim Fernseh-
schauen, wenn du mit geschlossenen Augen deine Lieb-
lingsmusik anhörst oder beim Tagträumen. All dies sind
Aktivitäten, die dir erlauben, ins Transpersonale hin-
überzugleiten. Entspannung und das Schweifenlassen
der Gedanken können das Tor zur transpersonalen Welt
auftun. Denn dein persönliches Bewußtsein ist das Tor
zum kollektiven Unbewußten.

Hauptsächlich wird dir auffallen, daß dort Symbole,
Informationen und Wissen irgendwie allgegenwärtig
zu sein scheinen. Es ist, als würdest du in etwas hinein-
stolpern, das es schon immer gab. Und du erlebst es als
ein Aus-dir-Herauskommen. Vorausgesetzt dein eigenes

Bewußtsein ist das Tor zur transpersonalen Welt, stimmt das auch in gewissem Sinne, tatsächlich bist du jedoch in den umfassenden Wissensspeicher vorgedrungen, der das kollektive Unbewußte ausmacht. Er enthält weit mehr Information als dein eigener Ideen- und Erfahrungsschatz.

Wenn man auf solche Informationen stößt, hat man dabei oft ein Gefühl der Einfachheit und Wahrheit. Hast du erst einmal in diesen Quellen das gefunden, was du gesucht hast, kannst du diese Informationen ordnen und nutzen. Nehmen wir einmal an, du hättest eine Reihe von Symbolen gesehen. Zuerst erscheinen sie dir gar nicht logisch, aber wenn du erst einmal versuchst, sie in eine bestimmte Ordnung zu bringen und anfängst, über ihre mögliche Bedeutung nachzudenken, beginnt sich für dich eine Art Geschichte abzuzeichnen. Manchmal können dich diese neuen Erkenntnisse dazu inspirieren, ein Problem, mit dem du dich gerade herumschlägst, auf eine andere Art anzugehen. Ein anderes Mal kann sich dir die Information in einer Form offenbaren, die keiner Erklärung bedarf. Du kannst sie direkt auf das anstehende Problem anwenden.

Egal woher die Information für das neue Ritual auch kommen mag, du wirst merken, daß es fast immer genau das ist, was du brauchst oder was für die Gruppe, mit der du arbeitest, genau richtig ist. Du wirst außerdem merken, daß die neuen Rituale häufig traditionellen Ritualen sehr ähneln. Es kann vorkommen, daß du ein neues Ritual entwickelst, träumst oder auf irgendeine andere Art Informationen dazu erhältst und später entdeckst, daß eine traditionelle Kultur genau dasselbe Ritual schon seit Jahrhunderten praktiziert. Manchmal ähnelt ein Ritual, das du dir selbst ausgedacht hast, auch einem, das bereits von einer anderen Person entwickelt wurde. Die Erklärung ist einfach: Die Form eines Rituals ist oft in hohem Maße abhängig von den menschlichen Bedürfnissen und Fähigkeiten, die im Grunde ge-

nommen bei allen Menschen zu allen Zeiten gleich
sind. Außerdem basieren die Rituale auf Informationen
aus dem kollektiven Unbewußten oder transpersonalen
Bereich, die für alle Menschen gleichermaßen zugänglich sind. Viele Rituale, die sich sehr ähneln, stammen
aus dieser Quelle. Außerdem steht fest, daß es eine
Reihe von einfachen Gesetzmäßigkeiten gibt, denen
Rituale folgen und auf denen sie aufbauen. Diese Gesetze verändern sich nie, ganz egal wo du dich befindest. »Was du nicht willst, das man dir tu, das füg auch
keinem anderen zu«, ist ein solches Gesetz. Die verschiedenen Heilwirkungen von Pflanzen oder die Kräfte
der Elemente sind andere unveränderliche Faktoren:
Wasser reinigt, und Feuer transformiert. All dies sind
Aspekte, die die Form eines Rituals ständig beeinflussen.

Vor nicht allzulanger Zeit wurde ich ganz unerwartet
mit einer Situation konfrontiert, in der sich wieder einmal das traditionelle Wissen offenbarte. Einem Patienten, der regelmäßig zu mir zur Beratung kam, fiel auf,
daß er immer wieder an einer bestimmten Stelle im
Nacken ein seltsames Gefühl verspürte. Nachdem wir
dieses Gefühl in allen Einzelheiten analysiert hatten,
stellte sich heraus, daß der Punkt immer in den Momenten empfindlicher zu reagieren schien, wenn unterdrückte Kindheitserinnerungen hochkamen. Das Gefühl im Nacken war seltsam, aber nicht schmerzhaft.
Als er sich auf das Gefühl konzentrierte, fiel ihm das
Wort »Erleichterung« dazu ein. Seine Erfahrung stand
in einer direkten Beziehung zu der verschiedener Kulturen, in denen diesem Punkt ein große Rolle zuge-
schrieben wird. Die Yoruba in Westafrika nennen diesen Punkt *Eshnu ni bacu.* Informationen über die persönliche, subjektive Geschichte eines Menschen werden in
diesem Energiepunkt gespeichert. Kein Wunder also,
daß er jedes Mal an diesem Punkt etwas spürte, wenn
unterdrückte Kindheitserinnerungen hochkamen. Diese

Erinnerungen sind laut Definition sowohl persönlich als auch subjektiv.

Dieses Beispiel zeigt, wieviel sich uns von dem alten und traditionellen Wissen offenbart. Deshalb wirst du auch bei deiner Arbeit mit neuen Ritualen immer wieder Entdeckungen machen, die schon viele traditionelle Kulturen auf der ganzen Welt vor dir gemacht haben.

Der Wissensschatz der traditionellen Kulturen bleibt auch weiterhin, ob es nun bewußt geschieht oder nicht, der Nährboden für neue Rituale. Über persönliche Erfahrungen und deine eigenen Entdeckungen wirst du anfangen, Tradition verstehen und schätzen zu lernen, auch wenn du vorher vielleicht irgendwann eine Abneigung dagegen hattest.

Initiationsrituale

Das Wort »Initiation« hat etwas Magisches an sich. Es wird von den Menschen ebenso gerne benutzt wie die Wörter Transformation oder Erleuchtung. In der heutigen Zeit kann man verschiedenste Formen der Initiation schon allein dadurch erfahren, daß man sich einer spirituellen Bewegung anschließt, einem charismatischen Führer folgt oder an einem Wochenendkurs teilnimmt. Das schwächt meiner Meinung nach die Bedeutung des Wortes »Initiation« ab. Initiation kann heutzutage so vieles heißen, daß nicht mehr klar ist, was es eigentlich wirklich ist.

Manche Initiationen können mit der Verleihung eines Diploms verglichen werden. In diesem Fall bringt die Initiation nichts Neues. Sie dient nur als Bestätigung dessen, was der Schüler bis dahin bereits gelernt hat. Da er ein bestimmtes Niveau erreicht hat, kann er jetzt die Initiationszeremonie durchlaufen. In traditionellen Kulturen werden bei dieser Art von Ritualen häufig neue Titel verliehen, und dem Neu-Initiierten wird erlaubt, von nun an bestimmte symbolische Farben, Schmuck- oder Kleidungsstücke zu tragen. Mit dieser Form von

Ritual wird ein neuer Status erreicht, aber kein neues
Wissen hinzugewonnen – das Lernen hat vor der Initiation stattgefunden.

Bei einer anderen Art von Initiation werden dem Initiierten neues Wissen sowie neue Techniken oder
Mantras enthüllt. Bei der Transzendentalen Meditation
erhältst du zum Beispiel bei der Initiation ein neues
Mantra. Unabhängig davon, was der Initiierte bis dahin
bereits erarbeitet hat, fängt nach dem Ritual die Arbeit
wieder von vorne an. Es ist, als ob du mit einem neuen
Kurs oder einem neuen Trainingsprogramm anfängst,
oder wenn du eine neue Sprache lernst: Alles, was du
bis dahin gelernt hast, kannst du auch weiterhin gebrau-
chen, aber trotzdem fängst du noch einmal ganz von
vorne an. Diese Art von Initiation kann dir das Gefühl
von spiritueller Entwicklung geben, aber das stimmt
nur teilweise. Die Tatsache, daß du initiiert wurdest
und ab jetzt eine neue Technik anwenden kannst, sagt
noch lange nichts darüber aus, was du mit der Technik
tatsächlich machst oder ob du sie tatsächlich beherrschst
oder nicht. Die Initiation gibt dir nur den Schlüssel an
die Hand, wie du eine bestimmte Fähigkeit entwickeln
kannst, nicht jedoch die Fähigkeit selbst.

Darüber hinaus gibt es Initiationen, die dein persönlicher spiritueller Lehrer für dich auswählt. Diese Initiationen können nie erkauft werden, obwohl du dafür be-
zahlen mußt. Du kannst nicht einmal darum bitten. Es ist
der Lehrer, nicht der Schüler, der bestimmt, ob die Zeit
reif ist, ihm neue Techniken zu zeigen, neues Wissen zu
eröffnen oder neue Anweisungen zu geben. Diese Art
von Ritual wird nie in der Öffentlichkeit abgehalten.
Nur Lehrer und Schüler nehmen daran teil und ansonsten vielleicht noch die spirituelle Schule oder Gruppe,
der der jeweilige Lehrer angehört. Bei diesem Initiations-
typ muß der Schüler häufig eine Prüfung absolvieren, bei
der er beweisen muß, was er gelernt hat. Die Initiation
selbst verbirgt sich häufig hinter diesen Prüfungen.

Die schamanische Initiation hat im allgemeinen noch einmal einen ganz anderen Charakter als die drei vorhergehenden Ritualarten. Eine traditionelle schamanische Initiation spielt sich normalerweise in den anderen Wirklichkeiten ab. Häufig wird der Initiand dabei sehr krank. Die Initiation selbst findet während der Krankheit durch eine Vision oder eine Trancereise statt. Der Initiand verläßt seinen Körper und macht sich auf die Reise in die Welt der Geister. Während er in dieser Welt in Stücke zerrissen oder zerhackt wird, verschlingen ihn die Geister im wahrsten Sinne des Wortes, bis nichts mehr von ihm übrig ist außer Knochen. Die Knochen werden üblicherweise eine Weile gekocht und dann wieder zu einem völlig neuen Skelett zusammengesetzt. Die Geisthelfer statten dann den Körper wieder mit neuen Organen, Muskeln und einer neuen Haut aus. Danach müssen eine Reihe von Prüfungen abgelegt und eine Rundreise durch die anderen Wirklichkeit durchlaufen werden. Der Initiand erfährt, wer seine Geistführer sind und welche Krankheiten er heilen kann. Nach der Initiation legt sich die Krankheit rasch, und der Neu-Initiierte kehrt in seinen normalen Zustand zurück. Manchmal kann er danach gleich mit der schamanischen Arbeit beginnen, aber oft muß er weiterhin unter einem anderen Schamanen arbeiten, der dafür sorgt, daß seine Fähigkeiten noch ausgefeilter werden.

In den traditionellen Kulturen gibt es noch weitaus mehr Initiationstypen. Einige der wichtigsten sind die Rituale, die in der Pubertät vollzogen werden, um die Mädchen und Jungen in die Welt der Erwachsenen einzuführen. Auch in unserer Kultur gibt es solche Rituale, die den Übergang von der Kindheit zum Erwachsenenalter markieren, denken wir nur einmal an das traditionelle jüdische Bar Mizwa-Fest, bei dem 13jährige Jungen in die Gruppe der Männer aufgenommen werden. Oder an die heilige Kommunion, mit der katholische

Kinder im Alter von etwa acht Jahren in die geistige Glaubensgemeinschaft eingeführt werden.

In unserer heutigen Gesellschaft besteht ein großes Bedürfnis nach Initiationsritualen, die die Übergänge von einem Lebensabschnitt zum nächsten markieren. Das ist kaum verwunderlich, wenn man bedenkt, daß unsere Gesellschaft nur noch wenig gesellschaftliche und geistige Rituale mit den traditionellen Kulturen gemein hat. Besonders in der neuen Männerbewegung wird viel über die Funktion und die Form solcher Übergangsinitiationsrituale nachgedacht. Viele Männer geben an, daß sie sich eigentlich noch wie Jungen fühlten und der Schritt vom Jungen zum Mann für sie nie klar vollzogen worden sei. Das Bedürfnis nach solchen Ritualen ist sowohl dringend als auch legitim. Um eine Kultur gesund zu erhalten, sind Übergangsrituale nötig. Der Initiierte lernt, wie er mit seinem gesellschaftlichen Umfeld wieder in Verbindung tritt, und ihm wird genau so viel Verantwortung übertragen, wie es seinem Alter entspricht. Auf diese Art und Weise werden Gefühle wie Entfremdung und Isolation vermieden.

Viele Anhänger der neuen Männerbewegung sehnen sich nach Initiationsriten, bei denen ein Junge zum Mann wird, wie sie in den traditionellen Kulturen vollzogen werden. Ich glaube, daß es hier wichtig ist, nicht den Fehler zu begehen, Gefühle der Unzufriedenheit über die Gegenwart auf eine idealisierte Vergangenheit zu projizieren. Möglicherweise hat das Bild der traditionellen Initiationsrituale viel weniger mit der Wirklichkeit zu tun, als gemeinhin angenommen wird. Man muß sich hier fragen, ob diese traditionellen Übergangsrituale tatsächlich die Wirkung haben, die sich die modernen Männer, die das Gefühl haben, den Übergang vom Jungen zum Mann nie klar vollzogen zu haben, von ihnen erhoffen.

Als eine Art Experiment möchte ich mich an diesem Punkt eine Weile auf die wenigen, offensichtlichen Unzulänglichkeiten der traditionellen Pubertätsinitiationen eingehen. Es ist nicht meine Absicht, hier gemeine und arrogante Kritik an der Tradition anderer Kulturen und anderer Zeitalter zu üben. Ich möchte nur zeigen, daß bestimmte Dinge, die in den Traditionen anderer Kulturen und anderer Zeiten als passend erachtet werden, für uns nicht immer geeignet oder passend sind.

Seit den Sechzigerjahren ist in unserer Gesellschaft viel von der sogenannten Geschlechterrolle die Rede. Besonders innerhalb der Frauenbewegung wurde viel über die Art und Weise diskutiert, wie Männer und Frauen ihren vorgezeichneten Geschlechterrollen folgen, ohne diese in Frage zu stellen. Allgemein kam man zu dem Schluß, daß diese Rollen in keinster Weise befreiend, sondern eher einschränkend sind, und 30 Jahre später schlagen wir uns immer noch damit herum, uns von diesen Einschränkungen zu befreien. In den letzten Jahren hat unsere Kultur nun versucht, neue Definitionen für das Mann- und Frausein zu finden.

Im allgemeinen kann davon ausgegangen werden, daß uns die traditionellen Initiationen im Hinblick auf die Definition der Geschlechter sehr wenig zu bieten haben. Um überleben zu können, müssen die traditionellen Kulturen sehr strenge gesellschaftliche Rollen und Geschlechterrollen vorschreiben. Deshalb bestehen auch die Initiationen von Jungen und Mädchen in strengen Vorschriften über das richtige Verhalten von Mann und Frau. Innerhalb ihres kulturellen Zusammenhangs sind diese Rollen auf vielerlei Art und Weise festgeschrieben. Und das ist auch gut so, denn der Fortbestand der Gemeinschaft ist eine wichtiges Ziel eines Rituals. Deshalb sind Initiationszeremonien, die die bestehenden Geschlechterrollen bestätigen, innerhalb einer bestimmten Kultur auch nützlich und notwendig. Außerhalb dieser Kultur verlieren sie jedoch ihre Funktion.

In einer Kultur wie der unsrigen, in der wir uns von den stereotypen Geschlechterrollen freimachen wollen und in der wir versuchen, befreiende, persönliche Ideen zu entwickeln und uns überlegen, was es eigentlich heißt, ein Mann oder eine Frau zu sein, haben uns traditionelle Initiationsrituale wenig zu bieten. In der Unsicherheit und Verwirrung, die wir durch unser Anzweifeln der traditionellen Geschlechterrollen gestiftet haben, mag es besser sein, nach vorne zu blicken als in die Vergangenheit. Wir müssen neue Rollen schaffen und neue Einsichten gewinnen. Die Traditionen können uns inspirieren, aber wenn wir sie mitsamt ihren Beschränkungen und allem Drum und Dran kopieren wollen, bewegen wir uns in die falsche Richtung.

Ein anderer Aspekt der traditionellen Pubertätsrituale, den ich für unsere Zeit und Kultur als nicht angemessen erachte, ist die Gewalt, die dabei oft im Spiel ist. Meistens handelt es sich in diesem Fall um die Initiation von Jungen, doch auch Mädchen können bei den Initiationsritualen äußerst unangenehme Dinge angetan werden. Die inzwischen wohlbekannten Initiationsrituale in Afrika, bei denen die Mädchen beschnitten werden, sind nur ein Beispiel dafür. Bei diesen Ritualen wird die Klitoris des Mädchens vollständig entfernt, was einer dauerhaften sexuellen Verstümmelung des Mädchens gleichkommt.

Im allgemeinen sind die Pubertätsrituale für Jungen in vielen Kulturen ziemlich grausam. Die Initiation kann manchmal Wochen oder gar Monate dauern, in denen die Jungen sich allen möglichen Prüfungen unterziehen müssen. Dabei bekommen die Jungen ihre Zähne ausgeschlagen, werden tätowiert (sowohl mit Farben als auch durch Vernarbung), verstümmelt, geschlagen, beschnitten oder lange Zeit im Dunkeln gelassen und beim Tanz und Geschichtenerzählen mit schrecklichen Göttern und mythologischen Riesen und Ungeheuern konfrontiert. In verschiedenen Kulturen, beispielsweise bei manchen Aboriginegruppen in Australien, werden die Jungen manchmal von erwach-

senen Männern im Ritual sexuell mißbraucht. Was viele
Kulturen Initiation nennen, würde man in anderen Kulturen einfach als Folter und Mißbrauch bezeichnen. Bei
der Initiation wird der Junge zum Mann, indem er den
Schmerz oder die Verwirrung, die er empfindet, nicht
zeigt. Den Initiand zu zwingen, ein extremes Maß an
Schmerz über sich ergehen zu lassen, scheint ein Ziel in
sich selbst geworden zu sein. Man kann nicht behaupten, daß die Jungen dabei mit Schmerz umgehen lern-
ten, denn in diesen Situationen kann der Schmerz nur
unterdrückt und verleugnet werden.

An dieser Stelle scheint es mir angebracht, noch etwas genauer auf die psychologischen Mechanismen ein-
zugehen, die bei diesen Initiationsritualen am Werke
sind. Erstens zeichnet sich eine klare Tendenz ab, daß
die Initiationsrituale von Generation zu Generation
immer grausamer werden. Jahr um Jahr nimmt der
Schmerz, den diese Jungen auszuhalten haben, immer
mehr zu, und die Verstümmelungen werden immer ex-
tremer. Dahinter steckt ein unverarbeiteter Wunsch,
geheilt zu werden. Der Mann, der die Initiation durch-
führt, trägt immer noch die psychische Wunde seiner
eigenen Initiation mit sich herum und möchte sich unbewußt davon befreien. Eine einfache Methode, dies
zu tun, ist jemand anderem eine größere Wunde zuzufügen. Wenn mir ein Finger fehlt, aber dir eine Hand,
habe ich immer noch vier Finger. Auf diese Art und
Weise kann eine Initiationszeremonie unbewußt dazu
benutzt werden, dem Mann das Gefühl zu geben, sein
eigener Schmerz sei geringer geworden. Er tut dem
Initianden nicht nur das an, was ihm selbst angetan
wurde, sondern geht noch ein kleines bißchen weiter.
Das Ergebnis ist für die neu zu initierenden Jungen
nicht gerade erfreulich, und es wird eine Zeit kommen,
wenn auch sie wieder den Initianden auf subtile Weise
ein klein bißchen mehr Schmerz zufügen wollen, als sie
selbst erfahren haben. Daraus kann sich eine Ketten-

reaktion ergeben, die zur Folge hat, daß das Initiations-
ritual mit der Zeit immer schmerzhafter wird.

Die wichtigste Folge eines traumatischen Initiations-
rituals ist jedoch, daß bei dem Initiierten eine *Dissoziation* stattfinden kann. Eine Dissoziation wird durch Situationen ausgelöst, die ein Individuum als zu bedroh-
lich, zu erschreckend oder unüberwindbar empfindet, so
daß es jedes Gefühl der Kontrolle verliert. In der Psyche findet ein Zerfall der zusammengehörigen Denk-,
Handlungs- und Verhaltensabläufe in Einzelheiten statt,
und ein Teil des Bewußtseins verschließt sich, so daß
der Schmerz und die Pein nicht mehr von dem Selbst
als Ganzem erfahren werden kann. Dissoziation ist ein
wunderbarer Mechanismus, der es dem Menschen erlaubt, in extremen Streßsituationen zu funktionieren,
mit denen er normalerweise niemals umgehen könnte.
Es ist ein Überlebensmechanismus. Aber die Dissoziation hat eben auch ihre Schattenseite, nämlich, daß das
Trauma in keinster Weise geheilt, sondern nur irgend-
wohin weggepackt wird. Ein Mensch, der extrem disso-
ziiert ist, kann nach außen hin immer noch ganz gesund
erscheinen und normal funktionieren. Der ungelöste
Schmerz liegt jedoch weiterhin in irgendeiner dunklen
Ecke des Bewußtseins auf der Lauer. Da das Trauma
aber nicht mehr direkt erfahren werden kann (das ist
die Wirkung der Dissoziation), aber immer noch der
Heilung bedarf, kann die Person alle möglichen Weh-
wehchen entwickeln, um damit Aufmerksamkeit zu erregen. Die Psyche wird keine Möglichkeit auslassen,
sich von diesem Trauma zu befreien.

Initiationsrituale können bei den Initiierten eine
schwere Dissoziation verursachen. Und wenn die Rituale vorüber sind, werden dem Initiierten auch keine
Methoden aufgezeigt, wie er wieder aus dem Zustand
der Dissoziation herauskommen könnte. Einmal er-
lernt, wird die Dissoziation bei diesem Menschen zu
einem Verhaltensmechanismus, den er sein Leben lang

nicht mehr ablegt. Von da an wird die Dissoziation in jeder Streßsituation eine Rolle spielen. Der richtige Umgang mit Schmerz, das Annehmen und Verarbeiten einer Wunde wird nie gelernt.

Sicher hatte all das in den traditionellen Kulturen seinen Grund, nicht zuletzt deswegen, weil sich viele Kulturen in regelmäßigen Abständen in irgendeiner Form von kriegerischer Auseinandersetzung mit ihren Nachbarn befanden. Dissoziierte Männer gaben gute Krieger ab, weil sie ihre Gefühle bei Gefahr ausschalten konnten. Man könnte sich jedoch fragen, ob dissoziierte Soldaten und Krieger das sind, was wir heute brauchen. Hat sich Dissoziation als Verhaltensmechanismus erst einmal eingespielt, wird aus dem Menschen eine gefühlsmäßig behinderte Person, die vom normalen intensiven Empfinden von Emotionen und Gefühlen abgeschnitten ist. Initiationen, bei denen jemand verwundet wird, ohne daß er gleichzeitig dabei lernt, richtig mit Schmerz umzugehen, schaden tatsächlich mehr als sie nutzen.

Traditionelle Pubertätsinitiationsrituale helfen den Männern aus unserer Kultur nicht weiter. Als Kultur insgesamt sind wir auf der Suche nach einem neuen Männlichkeitsbild. Der stereotype, gefühllose Mann ist kein Ideal mehr. Aber das ist genau, worum es bei den traditionellen Initiationen geht: gefühllose Männer zu erzeugen und ein männliches Rollenverhalten zu entwickeln, das wir heute als überholt betrachten. Deshalb haben diese Rituale in ihrer traditionellen Form für uns wenig Wert. Und sicher sind sie nicht für Männer geeignet, die sich mit anderen nicht verbunden fühlen, denn im Endeffekt läuft Dissoziation immer auf ein Gefühl der Isolation hinaus. Die Vorstellung, ein moderner Mann könne durch traditionelle Initiation lernen, was es heißt, ein Mann zu sein, erscheint mir wirklich absurd.

Vielleicht hast du nach dieser Diskussion den Eindruck, ich hielte im Grunde nichts von traditionellen

Ritualen. Der Witz ist, daß es eigentlich genau umge-
kehrt ist, denn ich war Schüler von verschiedenen traditionellen Heilern. Durch meinen direkten Kontakt mit
den nichtwestlichen Medizinmännern und -frauen habe
ich eine tiefe Achtung vor ihrer Arbeits- und Lebens-
weise entwickelt. Gleichzeitig habe ich verstanden, daß
der wichtigste Teil des traditionellen Wissens und der
traditionellen Methoden unter dem Einfluß der sozialen und natürlichen Umgebung steht. Ziel vieler Rituale ist es, die Menschen auf die Umgebung einzustimmen, in der sie leben. Ich bin zu dem Schluß gekommen, daß es einem Mangel an Achtung gleichkommt,
nichtwestliche Traditionen einfach zu übernehmen.
Was wichtig ist, ist die Essenz dieser Rituale, nämlich
uns auf die Welt um uns herum – der tatsächlichen
Umgebung, in der wir leben – einzustimmen und von
ihr zu lernen. Deshalb besteht die einzig richtige Vor-
gehensweise für mich in der Schaffung neuer Rituale,
die dieser Essenz gerecht werden. Die »natürliche«
Welt unserer westlichen Kultur besteht aus Städten mit
Autobahnen, Elektrizität, Wasser- und Gasleitungen im
Haus und Telefonsex und unterscheidet sich völlig von
jeder anderen traditionellen Kultur. Wir können von
traditionellen Ritualen lernen und uns durch sie inspirieren lassen. Und wenn wir die Erlaubnis bei den be-
vollmächtigten Vertretern dieser Kulturen einholen,
können wir auch Elemente daraus übernehmen, solange
sie nützlich sind, unser Leben hier und jetzt bereichern
und uns mit den Kräften in uns und um uns ins Gleichgewicht bringen.

Kapitel 3

Die Durchführung von Ritualen

Praktische Schritte

Wenn du mit Ritualen arbeitest, gehst du bewußt oder unbewußt bei jedem Ritual nach drei Schritten vor: Vorbereitung, Durchführung und Aufarbeitung oder Bewertung. Der zweite Schritt, die Durchführung, kann ihrerseits wiederum in drei Phasen unterteilt werden: Anfang, Mitte und Ende.

Wenn du jeden Schritt bewußt und sorgfältig ausführst, werden deine Rituale eine bessere Erfolgschance haben. Wenn man zum ersten Mal mit Ritualen arbeitet, kommt es häufig vor, daß die praktische Seite der Rituale nicht gut genug durchdacht ist. Hältst du das Ritual alleine ab, dann ist es kein so großes Problem, aber machst du das Ritual mit einer Gruppe, kann es ziemlich peinlich werden, wenn dir ein Fehler unterläuft. Fehler sind an sich nichts Schlimmes. Man kann viel aus ihnen lernen. Doch je mehr Fehler du durch gute Planung vermeiden kannst, desto besser.

Die Vorbereitung ist ein wichtiger Teil jedes Rituals. Eine gute Vorbereitung ist notwendig, damit die Rituale so glatt wie möglich abgewickelt werden können. Während der Vorbereitungsphase kannst du deiner Phantasie freien Lauf lassen und erst einmal mit verschiedenen Formen und Abläufen herumprobieren, bis du genau weißt, was du machen willst. Hast du dann deine Entscheidungen getroffen, wirst du bei der Durchführung des Rituals viel sicherer sein. Schließlich hast du dich bewußt für bestimmte Handlungen entschieden, oder etwa nicht? Wenn du dich für die Form entschieden

hast, stelle dir soviele konkrete Fragen zu dem Ritual
wie möglich. Hier einige Beispiele:

- Was beabsichtige ich mit diesem Ritual?
- Welche Kräfte möchte ich einladen, an meinem Ritual teilzunehmen?
- Gibt es irgendwelche besonderen Heil- oder Schutzkräfte, die bei dem Ritual gebraucht werden?
- Kann ich an dem Ort, den ich mir für das Ritual ausgesucht habe, gleich mit der Arbeit beginnen, oder muß ich zuerst noch irgendwelche Veränderungen vornehmen oder irgend etwas reinigen? Und wenn ja, was?
- Was genau werde ich machen?
- Werden auch noch andere Personen anwesend sein? Wenn ja, wieviele?
- Was werden die anderen Personen machen?
- Welche Gegenstände brauche ich für das Ritual und in welcher Reihenfolge?
- Woher bekomme ich diese Gegenstände?
- Wo lege ich alles vor Beginn des Rituals hin?
- Wo lege ich die Gegenstände hin, nachdem ich sie im Ritual verwendet habe?
- Brauche ich beim Ritual irgendwelche Assistenten?
- Wenn ich Assistenten brauche, wann weise ich sie in ihre Aufgaben ein?
- Gibt es irgendwelche Techniken, die ich oder meine Assistenten vor dem Ritual ausprobieren sollten?
- Wie beende ich das Ritual? Wie räume ich alles wieder auf?
- Welche Wirkung hat das Ritual voraussichtlich auf die Teilnehmer? Was sollte deshalb gleich nach dem Ritual am besten geschehen?

Vielleicht kommen dir diese Fragen als reine Zeitverschwendung vor, aber ich kann dir versichern, daß es ganz nützlich ist, sie vor dem Ritual noch einmal durchzugehen – ob du nun ein Anfänger bist oder auch nicht. Ich habe Rituale erlebt, die einfach in die Hose gegangen sind, nur weil etwas bei der Vorbereitung übersehen wurde. Das ist besonders bei einem Gruppenritual sehr enttäuschend. Ich erinnere mich an Situationen, in denen Feuer angezündet werden sollte, und keiner daran gedacht hatte, Streichhölzer oder ein Feuerzeug mitzubringen. Und dann sitzt du da irgendwo mitten in der Pampa! Bis dann jemand losgelaufen ist und Streichhölzer besorgt hat, sind fast alle gereizt und frieren. Und die Konzentration, die aufgebaut wurde, ist völlig dahin. Bei einem anderen Ritual sollten mehrere Stoffstreifen an einen Pfahl festgebunden und am Ende des Rituals wieder entfernt und an ihre Eigentümer zurückgegeben werden. Es stellte sich heraus, daß die Knoten, mit denen der Stoff am Pfahl festgebunden worden war, zu fest waren und nicht mehr gelöst werden konnten. Leider hatte auch niemand ein Messer dabei! Das Ende des Rituals dauerte über eine halbe Stunde zu lange. Diese Beispiele zeigen, daß die einfachsten Dinge nur allzu leicht schiefgehen können. Später kann man darüber lachen, aber in dem Augenblick, in dem es passiert, kann es schwierig und verwirrend sein. Wenn du gerade erst mit der Ritualarbeit beginnst, ist es am besten, wenn du dir eine ausführliche Liste von allen Dingen machst, die du für das Ritual brauchst. Hast du erst einmal etwas Erfahrung mit Ritualen gesammelt, wird die Vorbereitungszeit nicht mehr so lange dauern, aber so oder so wird die Vorbereitung immer ein wichtiger Schritt bleiben.

Die Durchführung des Rituals kann in drei Phasen unterteilt werden: Anfang, Mitte und Ende. In der Anfangsphase schaffst du einfach den Rahmen für das jeweilige Ritual. Du bittest den Ort, an dem ihr das Ritual abhalten wollt, um Erlaubnis und stellst ihm dich und die anderen Teilnehmer vor, begrüßt alle und rufst die Kräfte an, die für das Ritual gebraucht werden. Vielleicht führst du auch noch irgendeine Art von Reinigungszeremonie durch, etwa durch Abbrennen von Salbei oder Räucherstäbchen. Am Anfang kannst du den Teilnehmern außerdem erklären, was von ihnen erwartet wird und wie sie etwas zu dem Ritual beitragen können. Plane auch etwas Zeit für Fragen ein, allerdings nicht zu lange. Ich habe oft die Erfahrung gemacht, daß die ersten paar Teilnehmer noch wirklich nützliche Fragen stellen, während danach solche Leute Fragen stellen, die langatmige Antworten zu Einzelheiten erwarten, die im Rahmen des Rituals keine große Rolle spielen. Sei deshalb während der Anfangsphase klar und prägnant. In dieser Phase mußt du außerdem die Aufmerksamkeit aller auf einen Punkt konzentrieren und alle nötigen Verbindungen herstellen. Du kannst die Anwesenden zum Beispiel bitten, sich an den Händen zu fassen und sich vorzustellen, von einer Hand zur anderen fließe bunte Energie, oder du stellst eine Verbindung zu dem Ort her, an dem ihr euer Ritual vollzieht und läßt einen schützenden Kreis um die Gruppe entstehen.

Die Mitte des Rituals ist der Teil, an dem das tatsächliche Ritual vollzogen wird. Meistens versuchst du in dieser Phase, das Ziel zu erreichen, das du dir gesteckt hast. Da mit jedem Ritual ein anderer Zweck verfolgt wird, können hier eigentlich keine verallgemeinernden Angaben zu dieser Phase gemacht werden. Die mittlere Phase stellt den Höhepunkt dar, die Phase, in der du aktiv mit den inneren und äußeren Kräften arbeitest. Außerdem werden in dieser Phase häufig Heilmethoden angewandt.

Das Ende des Rituals ist der Zeitpunkt, an dem alles abgerundet wird. Ein abschließendes Wort kann gesprochen, ein Lied gesungen werden, und die Teilnehmer können ein letztes Mal eine Verbindung zueinander herstellen. Danach wird diese Verbindung bewußt unterbrochen, z. B. indem man sich zuerst an den Händen faßt und danach losläßt. Wenn du in der Anfangsphase einen Schutzkreis geschaffen hast, ist es jetzt an der Zeit, auch diesen wieder aufzulösen. Allen Geistern und Kräften, die angerufen wurden, an dem Ritual teilzunehmen, wird jetzt für ihre Anwesenheit und Unterstützung gedankt. Während der Endphase bringst du den gesamten Prozeß so vollständig wie möglich zum Abschluß. War das Ritual sehr intensiv, kann es angebracht sein, es mit einer Erdungsübung abzuschließen. Und ganz zuletzt kannst du den Teilnehmern noch erklären, wie es nach dem Ritual weitergeht: Werden noch Leute zum Aufräumen gebraucht? Werden noch irgendwelche Erfrischungen für die Gruppe angeboten? Wann fährt der letzte Bus?

Die Bewertung des Rituals kann auf unterschiedliche Weise erfolgen. Manche Rituale gehen dir lange Zeit nicht mehr aus dem Sinn, während du andere schnell vergißt. Auf jeden Fall ist es gut, wenn du es dir zur Gewohnheit machst, dir etwas Zeit dafür zu nehmen, über das Ritual nachzudenken und dir folgende Fragen zu stellen:

– Was lief gut?
– Was lief nicht so gut?
– Was habe ich getan, um den Erfolg des Rituals zu garantieren, und welche anderen Faktoren haben eine Rolle gespielt?

Die letzte Frage ist besonders nützlich. Versuchst du jedes Mal, wenn du ein Ritual durchführst, herauszufinden, was du durch dein bewußtes und unbewußtes Hinzutun beigetragen hast, um die Qualität des Rituals zu verbessern, wirst du mit der Zeit in der Lage sein, einen festen Plan aufzustellen, von dem du weißt, daß ein gutes Ritual dabei herauskommt. Manchmal kann die Antwort auf diese Frage auch ganz unerwartet ausfallen. Irgendwann habe ich entdeckt, daß der Effekt eines Gruppenrituals viel stärker ist, wenn ich zuerst die

Möglichkeit habe, etwas Zeit alleine an dem für das Ritual vorgesehenen Ort zu verbringen. Deshalb versuche ich jetzt immer, wenn ich ein Ritual leite, mindestens eine Stunde vorher an dem Ort einzutreffen, an dem das Ritual abgehalten werden soll. Das gibt mir genügend Zeit, um alleine in dem Raum zu arbeiten. Ich stelle mich den anwesenden Kräften vor und rufe meine Geisthelfer aus den anderen Wirklichkeiten zu Hilfe. Ich habe das Gefühl, daß diese Vorbereitung einen wesentlichen Teil meiner Arbeit ausmacht. Ich lasse sie nur selten ausfallen.

Wenn du nach jedem Ritual konsequent untersuchst, wie dein Verhalten und deine Handlungen das Ritual beeinflußt haben, wirst du bald sehr nützliche Entdeckungen machen. Dir wird klar werden, was du zu tun hast und was nicht.

Konzentration

Die Wirkung eines Rituals hängt hauptsächlich von der Konzentrationsfähigkeit der Teilnehmer ab. Ob du nun alleine arbeitest oder in einer Gruppe, immer ist Konzentration einer der Eckpfeiler eines guten Rituals. Der Kontakt mit den anderen Wirklichkeiten ist nur durch Konzentration möglich. Ohne Konzentration kann keine Verbindung aufrechterhalten werden. Außerdem kann durch Konzentration Energie gebündelt werden. Konzentration funktioniert wie ein Vergrößerungsglas, die Energie wird auf einen Punkt konzentriert. Mit dieser gebündelten Energie kann weitaus mehr erreicht werden als mit diffuser und ungerichteter Energie. Aus diesem Grunde ist es auch so wichtig, daß die Rituale gut vorbereitet sind. Wenn etwas schiefläuft, ist die Konzentration das erste, das dabei draufgeht. Was kann ich noch mehr dazu sagen? Konzentration ist wichtig, und es lohnt sich auf jeden Fall, sich darin zu üben.

Um die Konzentration bei einem Ritual zu erleichtern, kannst du eine Technik benutzen, die ich die »Fernrohrtechnik« nenne. Diese Technik erfordert nicht nur gleichbleibende Konzentration, sondern kann auch als Methode verwendet werden, um eine stärkere Konzentration aufzubauen.

Du hast wahrscheinlich schon oft die Erfahrung gemacht, daß du trotz aller Anstrengungen, dich zu konzentrieren, immer wieder von allen möglichen Gedanken und Bildern abgelenkt wirst, die dir in den Sinn kommen. Ich nenne diese Gedanken und Bilder »Lärm«. Dieser Lärm breitet sich nicht unendlich weit in den Raum aus, sondern fließt unmittelbar um dich herum.

Um den Lärm zu überwinden, brauchst du dir nur ein drittes Auge mitten auf deiner Stirn vorzustellen und direkt vor diesem Auge ein kleines, aber sehr langes Fernrohr. Das Fernrohr durchdringt den Lärm buchstäblich und ragt mit dem Ende aus den störenden Bildern und den aufkommenden Gedanken heraus. Es ist gerade lang genug, um in einen leeren und reinen Ort hineinzuragen. Alles, worauf du dich konzentrieren willst, kann dort gefunden werden. Wenn du durch das Fernrohr schaust, ist es, als würdest du aus sehr großer Entfernung fernsehen. Bring den Bildschirm schnell näher heran, damit du besser sehen kannst, was vor sich geht. Du kannst immer wieder auf diese Technik zurückgreifen, wenn du abgelenkt wirst. Wenn du diese Technik oft genug anwendest, wird sie zu einer Reflexhandlung werden. Du wirst merken, daß der Lärm mit der Zeit kein unüberwindliches Problem mehr ist.

Energien und Kräfte anrufen

Auch wenn niemand dabei ist, vollziehst du ein Ritual nie allein. Bei einem Ritual wird immer ein Gefühl von Einheit und Verbindung vorherrschen. Denn du arbei-

test nicht nur mit der materiellen Welt und ihren Bewohnern, sondern auch mit den Energien und Kräften der nichtstofflichen Wirklichkeit, den anderen Welten.

Eine Technik, die bei vielen traditionellen Kulturen
angewandt wird, um eine Verbindung mit den äußeren Mächten herzustellen, besteht im Anrufen der vier
Himmelsrichtungen oder Elemente zu Beginn des Rituals. Eine Verbindung kann auch auf viele andere Arten
hergestellt werden, beispielsweise indem man das Ritual einer Person widmet, die krank ist, oder einem Ort
auf der Erde, an dem Krieg geführt wird. Auch die Einzelrituale basieren auf der Herstellung einer Verbindung. Das geschieht oft in Form der Verbindung zwischen den verschiedenen Daseinsebenen: der materiellen, emotionalen, geistigen und spirituellen. Außerdem
gibt es Rituale, bei denen die Teilnehmer sich auf einer
Ebene miteinander verbinden anstatt auf vielen. Ein
Beispiel dafür könnte ein Ritual sein, das in einer The-
rapiegruppe durchgeführt wird, deren einziges Ziel darin
besteht, ein bestimmtes Gefühl, wie etwa Wut, freizusetzen.

Ein Ritual wird deshalb nie wirklich von einer Person
allein abgehalten. Immer besteht da eine Beziehung zu
oder zwischen anderen Menschen, anderen Orten, anderen Daseinsebenen oder Wirklichkeiten.

Und welche Kräfte werden nun bei einem Ritual angerufen? Das ist je nach Tradition sehr unterschiedlich.
In manchen Kulturen wird beispielsweise den Ahnen
ein Ehrenplatz eingeräumt, deren Gegenwart bei den
Ritualen unverkennbar ist. In anderen Kulturen hingegen spielen die Naturkräfte die wichtigste Rolle. Neben den allgemeinen kulturellen Präferenzen und Traditionen können für Rituale, mit denen ein ganz bestimmter Zweck verfolgt wird, auch gezielt besondere
Kräfte angerufen werden. Der Leiter eines Rituals, bei
dem um Wärme und Sonnenschein gebeten wird, wird

sicher keine Regenwolken anrufen, sondern eher um Wind bitten, der die Wolken vertreibt.

Unterschiedliche Kräfte werden auf unterschiedliche Art und Weise angerufen. Ich möchte hier gerne eine einfache, aber wirkungsvolle Methode zur Anrufung der allgemeinen Kräfte, wie die vier Himmelsrichtungen, Elemente und persönlichen Geisthelfer, vorstellen, die bei deinen Ritualen anwesend sein sollen. Wenn du diese Methode erst einmal eine Zeitlang anwendest (und das kann Jahre dauern), wirst du merken, daß die Kräfte, die du regelmäßig bei deinen Ritualen anrufst, anfangen, dir von sich aus immer wertvollere Informationen zu liefern. Eine tiefe Freundschaft muß langsam wachsen. Es scheint, als würden in der nichtalltäglichen und der alltäglichen Wirklichkeit die gleichen Regeln gelten. Du mußt zuerst mit den Geistern und Kräften eine Vertrauensbasis schaffen, bevor sie ihr Wissen mit dir teilen.

Kräfte anzurufen, die du gerne bei deinem Ritual dabei haben möchtest, ist im Grunde ganz einfach. Ich nenne es die »Geburtstagsparty-Methode«. Genauso wie du beim Planen einer Geburtstagsparty dafür sorgst, daß alle Gäste eine Einladung erhalten, mußt du bei der Planung eines Rituals dafür sorgen, daß alle Kräfte eine Einladung bekommen. Das kann mit lauter Stimme geschehen, durch Flüstern, im Stillen oder in Form eines Liedes. Es gibt eigentlich keinen Unterschied zwischen dem Einladen eines Freundes oder eines Geistes, in beiden Fällen mußt du deutlich machen, warum, wann, wo und wie lange er gebraucht wird.

Zuallererst mußt du dafür sorgen, daß sie wissen, wer sie um ihre Aufmerksamkeit bittet. Eine Anrufung beginnt immer damit, daß du deinen Namen nennst und dich selbst vorstellst. Wird ein Ritual in einer Gruppe abgehalten, kannst du den Namen der Gruppe nennen oder aber alle Namen der Teilnehmer aufzählen. Füge auch hinzu, welcher Tag es ist, welche Uhrzeit, und an

welchem Ort du dich gerade befindest. Rufe dann die
eingeladene Kraft bei ihrem Namen. Als Name kannst
du einen wählen, der für dich selbst eine besondere Bedeutung hat oder traditionell verwendet wird oder aber
eine ganz einfache Bezeichnung wie »das Element Wasser«. Als nächstes solltest du der Kraft mitteilen, weshalb du sie gerne bei deinem Ritual dabei haben willst
und warum du ihre besonderen Stärken so schätzt. Füge
auch hinzu, wielange du sie bei dir zu Gast haben möchtest. Und vergiß nicht, ihr im voraus für ihre Anwesenheit zu danken. Hast du alles soweit geklärt, bringe der
Kraft eine Opfergabe dar. Das muß keine frisch ge-
schlachtete Ziege oder Henne sein – es kann alles mögliche sein –, eine Frucht, ein Augenblick der Stille, den
du dazu benutzt, dich in Gedanken mit der angerufenen Kraft zu befassen, ein paar Wassertropfen, ein Lied
oder eine Geste. Jede Opfergabe, die mit wirklicher
Achtung dargebracht wird, wird angenommen werden.
Das Wesentliche dabei ist, daß du der angerufenen Kraft
etwas schenkst, das deine Dankbarkeit ausdrückt. Es ist
ein Geben und Nehmen. Die angerufene Kraft wird
deinem Ritual Kraft verleihen, deshalb ist es nur logisch,
daß du ihr etwas dafür zurückgibst.

Die Reihenfolge, in der du diese Schritte vollziehst,
ist nicht so wichtig; wichtig ist, daß für eine erfolgrei-
che Anrufung keiner dieser Schritte ausgelassen wird.
Denke immer daran, wie du deine Freunde zu einer
Geburtstagsparty einladen würdest. Die Einladung ist
für deinen Gast gedacht, nicht für dich selbst. Sie muß
ihn ansprechen, und nicht in allen Punkten dir gefallen. Je reizvoller dein Gast die Einladung findet, desto
schneller wird er geneigt sein zu kommen.

Für die meisten Rituale wird diese Art der Anrufung
der Kräfte genügen. Du bittest die Kräfte deiner Wahl,
deinem Ritual beizuwohnen und überläßt es dann ihnen, was sie dazu beitragen wollen. Nach der Anrufung
versuchst du nicht, die herbeigerufene Kraft zu drängen,

auf eine bestimmte Art und Weise zu reagieren. Ihre Anwesenheit allein sollte genügen. Sobald die Kräfte der anderen Wirklichkeiten dich kennen und wissen, daß sie dir vertrauen können, werden sie dir von sich aus Informationen zukommen lassen, wie du am besten mit ihnen arbeiten kannst.

Die Arbeit mit äußeren Mächten

Es gibt viele verschiedenen Möglichkeiten, mit den angerufenen Kräften zu arbeiten. Manche davon sind besondere Zeremonien, die nur von Eingeweihten vollzogen werden können, andere sind allgemeiner angelegt und können von allen benutzt werden.

So gibt es eine Technik, die nur von traditionellen Heilern angewendet werden kann und darin besteht, das Element Feuer in zwei verschiedene Bestandteile aufzuspalten: Hitze und Flamme. Der Flammenaspekt ist eine außerordentlich wirkungsvolle Medizin, die in vielen verschiedenen Situationen eingesetzt werden kann. So kann der Flammenaspekt des Feuers z.B. dazu benutzt werden, gebrochene Knochen vollständig und erstaunlich schnell zusammenheilen zu lassen. Doch um mit den Elementen und anderen Naturkräften auf dieser hohen Ebene arbeiten zu können, ist eine jahrelange intensive Ausbildung beispielsweise unter einem traditionellen Heiler erforderlich.

Das Anfertigen von Amuletten ist eine allgemeinere Möglichkeit, mit den äußeren Mächten zu arbeiten. Stell dir einmal vor, ein Junge oder ein Mädchen aus einer traditionellen Kultur haben sich verliebt, doch der oder die Angebetete zeige kein Interesse an ihm/ihr. In diesem Falle kann der Junge oder das Mädchen zu seiner/ihrer Großmutter oder einer anderen älteren Person gehen, die über Magie Bescheid weiß. Die Person, die sich mit Magie auskennt, wird dem Jungen oder dem Mädchen ein Liebesamulett machen. Beim Herstellen des Amuletts wird die Großmutter einen Gott oder eine Göttin anrufen und ihn/sie bitten, den Wunsch ihres Enkelkindes in Erfüllung gehen zu lassen. Die Großmutter wird dem Gott oder der Göttin, die sie um Hilfe angerufen hat, daraufhin besondere Opfergaben, wie etwa Parfüm oder Öl, darbringen. Die Person, die das Amulett anfertigt, versucht die Gunst der Gottheit zu gewinnen, indem sie ihr Gaben darbringt, von denen sie weiß, daß sie der Gottheit gefallen.

Wenn du ein Ritual für eine andere Person ausführst, brauchst du soviel Information wie möglich über die Situation dieser Person. Du mußt versuchen, alle wichtigen Faktoren aufzudecken, die im Zusammenhang mit der Krankheit oder dem Problem der Person eine Rolle spielen. Oft ist dies jedoch in der kurzen Zeit, in der du mit anderen arbeitest, äußerst schwierig, wenn nicht gar unmöglich. Zur Unterstützung kannst du mit den Kräften der anderen Wirklichkeiten Kontakt aufnehmen. Das ist zumindest eine der üblichsten traditionellen Vorgehensweisen, um mit den äußeren Mächten zu arbeiten. Bei Ritualen bitte ich immer meine eigenen Geisthelfer um konkrete Information über die betreffende Person, insbesondere wenn ich die Absicht habe, jemanden zu heilen. Ich erkläre den angerufenen Geistern, daß ich wahrscheinlich nicht genügend Information über die Person besitze, um ihre Situation richtig einschätzen zu können. Außerdem erzähle ich ihnen, daß sich mein Ritual auf das stützt, was ich bisher weiß. Daraufhin bitte ich sie um zusätzliche Information oder Korrektur bereits vorhandener Information, die vielleicht zu einer Fehldiagnose führen könnte. Einen Großteil der Arbeit, die im Sammeln von Informationen besteht, überlasse ich meinen Geisthelfern und den anderen Kräften, mit denen ich arbeite. Das gibt mir das wunderbare Gefühl, von allen Seiten unterstützt zu werden, da ich die Verantwortung nun nicht mehr ganz alleine tragen muß.

Volksweisheiten und die relativ bekannten traditionellen Rituale sind gute Informationsquellen, die genutzt werden können, um verschiedene Kräfte anzurufen oder in Notfällen darauf zurückzugreifen. Diese Methoden werden normalerweise von Generation zu Generation weitergereicht. Im Gegensatz hierzu wird mit dem speziellen, esoterischeren Wissen, das zur Anrufung und zur Arbeit mit den besonderen Kräften benötigt wird, nicht so freigiebig umgegangen. Traditionell wird es nur in der Lehrer-Schüler-Situation weitergegeben, wenn jemand zum Heiler oder Priester ausgebildet wird. Und das hat seinen guten Grund: Wissen kann auf viele verschiedene Arten gebraucht und damit auch mißbraucht werden. In dem Moment, in dem ein Lehrer seinem Schüler beibringt, wie ein bestimmter Geist herbeigerufen wird, übernimmt er die Verantwortung dafür, wie der Schüler dieses Wissen gebraucht. Und gleichzeitig ist der Lehrer dem Geist oder der Kraft, die er seinem Schüler vorstellt, zu Dank verpflichtet.

Ich empfehle, nicht mit diesen speziellen Techniken herumzuexperimentieren. Es ist möglich, daß du dich plötzlich ganz unerwarteten Dingen gegenübersiehst. Beschränke dich am Anfang auf eine allgemeine Anrufung der wichtigsten Kräfte, wie den Elementen und den vier Himmelsrichtungen. Suche dir eine Kraft aus, mit der du dich besonders wohlfühlst und baue eine Beziehung zu dieser Kraft auf. Arbeite an dieser Beziehung weiter, bis die Kraft von sich aus anfängt, dir Informationen zu geben. Wenn du dazu auserkoren bist, mit den Geistern auf eine andere Weise zu arbeiten, wirst du zweifellos einen Lehrer für diese Art von Arbeit finden. Unter Lehrer verstehe ich hier nicht nur einen traditionellen Heiler aus einer anderen Kultur; es könnte sich genauso gut um einen Geist aus einer anderen Wirklichkeit handeln, dem du in deinen Träumen oder während einer Trancereise begegnest. Vielleicht ist es auch die Stimme deiner Intuition.

Ganz allgemein gesprochen können dir die Kräfte, die du zur Unterstützung herbeigerufen hast, für jeden Zweck hilfreich sein, z.B. für eine Heilungszeremonie. Doch auch hier gilt die Warnung, daß weitgehende Arbeit mit den Kräften außerhalb von dir nur im Fortgeschrittenenstadium unternommen werden sollte und nicht ohne Gefahren ist. Ich wiederhole es noch einmal: Baue immer zuerst eine Freundschaft zu einer Kraft oder Macht auf. Zeige ihr, daß es sich lohnt, mit dir zusammenzuarbeiten. Arbeite an dieser Freundschaft weiter, auch wenn du monatelang nur wenig oder gar keine Reaktion erfährst. Letzen Endes wird es die Kraft oder Macht sein, die dir klar macht, was sie für dich tun kann oder wird, und wie sie bei besonderen Anlässen anzurufen ist.

Am Ende dieses Buches, im Abschnitt über Rituale und Übungen, wird dir ein Ritual vorgestellt, das verwendet werden kann, um sich mit einer Heilpflanze anzufreunden. Dort wird dir eine gewisse Vorstellung davon gegeben, wie man eine solche Freundschaft beginnen kann. Denke immer daran, daß die Kraft, an der du interessiert bist, nicht unbedingt an dir interessiert sein muß. Es kann einige Zeit dauern, bis du wirklich mit einer Kraft oder einem Geist arbeiten kannst. Außerdem muß dir klar sein, daß du den Geist ab dem Moment, in dem du mit ihm zu arbeiten beginnst, nicht mehr vernachlässigen oder einfach vergessen kannst. Mit Kräften der Natur und Geistern Kontakt aufzunehmen, bedeutet eine Verantwortung zu übernehmen. Ich habe oft den Fehler gemacht, diese Verantwortung nicht ernst genug zu nehmen. Das kann schlimm enden. Wenn ein Geist mit dir eine Verbindung eingegangen ist, mußt du ihm klar mitteilen, wenn du irgendwann in dieser Beziehung deine Abmachungen nicht mehr einhalten kannst. Wenn du das nicht tust, können unangenehme Dinge passieren. Am häufigsten klagen Menschen in solchen Situationen darüber, daß ihre Rituale an Kraft und Wirkung verlieren. In schlimmeren Fällen kann die Person von Krankheiten befallen werden, die sich dahinschleppen oder immer wieder von denselben Alpträumen heimgesucht werden, in denen der Geist eine schreckliche Rolle spielt. Glücklicherweise muß es nicht soweit kommen. Offensichtlich merken die Geister, daß die meisten Menschen guten Willens sind, aber die Spielregeln nicht richtig kennen. Wenn ein Geist spürt, daß die Dinge nicht so laufen, wie sie sollen, korrigiert er oft die Person, ohne irgendwelche drastischen Dinge geschehen zu lassen.

Einmal sah ich vom Auto aus, wie ein Eichhörnchen von einem anderen Auto überfahren worden war. Aus seinem Näschen rann noch etwas Blut, aber es war bereits tot. Sein Schädel war zerschmettert. Ich nahm das Eichhörnchen mit nach Hause und häutete es vorsichtig. Dann beerdigte ich seinen kleinen Körper mit einer Zeremonie unter einem großen Baum, und betete darum, daß der Geist des Eichhörnchens sich von dem Schock, der ihm durch den Unfall widerfahren war, erholen möge.

Ich benutzte das Eichhörnchenfell zusammen mit anderem Stoff, um mir einen Medizinbeutel zu machen. Nachdem der Beutel fertig war, hielt ich einige Zeit lang jeden Abend eine Zeremonie damit ab. In der ersten Woche erklärte ich ihm, daß ich die Geschicklichkeit des Eichhörnchens im Sammeln von allen möglichen Dingen bewunderte und daß ich es wirklich sehr schätzen würde, wenn es mir dabei helfen könnte, meine Sammlung an Kraftgegenständen zusammenzuhalten. Ich brachte ihm kleine Opfergaben dar und sang ihm etwas vor. Kurz danach hatte ich einen Traum, der in eine bewußte Trancereise umschlug. Auf dieser Reise begegnete mir das Eichhörnchen. Es rannte durch eine kahle Landschaft und brachte mir vier Kupferglöckchen, die in einem Graben lagen. Es sagte mir, daß ich diese Glöckchen in der alltäglichen Wirklichkeit finden und auf meinen Beutel nähen müsse. Mit Hilfe der Glöckchen könnte ich dann zu ihm Kontakt aufnehmen. Ich suchte in allen Läden nach genau den Glöckchen, die mir das Eichhörnchen gezeigt hatte (das war ein ganz schönes Unternehmen, das einige Hartnäckigkeit meinerseits erforderte). Schließlich fand ich sie. Ich nähte die Glöckchen auf mein Bündel und fing mit der zweiten Runde von Ritualen an. Jeden Abend zeigte ich dem Eichhörnchen einen Kraftgegenstand und bat es, für mich darauf aufzupassen. Ich machte solange weiter, bis ich alle meine Kraftgegenstände in den Beutel getan hatte.

Danach vergaß ich das Ganze! Zu jener Zeit arbeitete ich als Projektleiter im Bereich Kunsterziehung. Meine Arbeit nahm meine gesamte Zeit in Anspruch. Und für die Schamanengruppen, die ich leitete, brauchte ich meinen Medizinbeutel nicht, da ich meine persönlichen Kraftgegenstände bei solchen Gelegenheiten nicht verwende. Monate vergingen, bis mir der Beutel wieder einfiel und ich nach ihm sah. Die Motten hatten das Eichhörnchenfell zerfressen. Alles war in einem ziemlich chaotischen Zustand. Zuerst wollte ich das Fell wegwerfen oder verbrennen, aber dann überlegte ich es mir doch anders. Ich legte es einfach wieder beiseite, ohne einen weiteren Gedanken darauf zu verschwenden (rückblickend kommt mir das selbst ganz unglaublich vor), bis ich einen Traum hatte. Wieder verwandelte sich der Traum in eine Trancereise, und wieder wartete das Eichhörnchen auf mich. Es bat mich, die Glöckchen von dem Beutel zu entfernen und es freizulassen. Die Rituale, die ich etwa ein Jahr zuvor abgehalten hatte, hatten das Eichhörnchen an mich und den Beutel gebunden. Es fühlte sich vernachläßigt und hatte genug davon. Es wollte wieder frei sein. Am nächsten Tag fing ich mit einer Reihe von Ritualen an. Zuerst nahm ich die Glöckchen von dem Beutel ab und bat das Eichhörnchen, mir die Verantwortung für die Kraftgegenstände zurückzugeben. Ich dankte ihm, für sein aufmerksames Wachen über die Gegenstände und sang ihm ein Lied. Als der Beutel wieder leer war, hielt ich eine paar Dankeszeremonien ab, um das Eichhörnchen wieder freizulassen. Ich machte solange damit weiter, bis ich das Gefühl hatte, daß mich das Eichhörnchen verlassen hatte.

Jahrelang begegneten mir keine Eichhörnchen mehr, bis ich mich schließlich dazu entschloß, eine Arbeit anzunehmen, bei der ich wieder anfing, mich mit Heilungsarbeit zu beschäftigen. Zu jener Zeit hatte ich auch angefangen, wieder in meiner eigenen Praxis zu arbeiten. Und es geschah in jener Zeit, daß ich eine wunderschöne Trancereiseerfahrung machte. Ich spazierte durch einen riesigen Wald und sah plötzlich ein Eichhörnchen durch die Baumwipfel springen. Ich erkannte das Eichhörnchen aus meiner Erfahrung mit dem Beutel wieder. Entzückt blieb ich stehen und schaute ihm zu, wie es so von Baum zu Baum sprang. Mit mehreren langen Sprüngen kam. das Eichhörnchen aus den Bäumen zu mir heruntergehüpft und setzte sich auf meine Schulter. Ich war wirklich glücklich, es wiederzusehen. Wir schlossen ein Abkommen, daß es ab und zu kommen würde, um mir zu helfen, aber nur, wenn es Lust dazu hätte. Das Eichhörnchen hatte seine Lektion gelernt. Es wollte sich nicht mehr so einfach mir nichts dir nichts an mich binden. Letztes Mal hatte ich es vernachläßigt und seine Freundschaft mißachtet, während es selbst meine Bitten ernst genommen hatte.

Aber ich hatte auch meine Lektion gelernt. Ich frage mich heute immer zuerst, ob ich auch wirklich mit einer bestimmten Kraft arbeiten will oder nicht. Wenn ich das Gefühl habe, daß mir die Verantwortung und die Verpflichtungen zu groß sind (das Eichhörnchen war eine Kraft, die für ihre Hilfe nur wenig Gegenleistung verlangte), suche ich keinen intensiven Kontakt zu dem Geist.

Ritualgegenstände

Es gibt nur wenig Rituale, bei denen keine Ritualgegenstände verwendet werden. Die Natur- und Völkerkun-
demuseen sind voll von Statuen, Schalen, Musikinstru-
menten, Schmuckgegenständen und Kostümen, die ausschließlich zu rituellen Zwecken gebraucht wurden.
Neben den vielen Ritualgegenständen, die in ganzen
Kulturen, Religionen und Geheimgesellschaften verbreitet waren, hat es schon immer rein persönliche Ritualgegenstände gegeben, die nur von einer einzigen
Person benutzt wurden. Zur letzten Kategorie zählen
vor allem die Medizinbeutel der traditionellen Medi-
zinmänner und -frauen, die von Knochen und Federn
bis hin zu Nüssen und Nägeln alles mögliche enthalten
können. In einen Medizinbeutel kann wirklich alles nur
Vorstellbare hineingesteckt werden.

Vor Jahren schrieb Maria Oomkens ein Buch mit
dem Titel *Bidden in de theedoek* (Gebete im Geschirrtuch).
In diesem Buch beschreibt sie den Alltag ihrer Familie
mit fünf oder sechs Kindern. Obwohl sie Christin ist,
geht sie nicht mehr in die Kirche. Aber ab und zu,
wenn sie sich von irgend etwas stark berührt fühlt, flü-
stert sie beim Geschirrabtrocknen ein »Danke, lieber
Gott!« in ihr Geschirrtuch. Mit den Jahren hatte das
Geschirrtuch für sie eine besondere Bedeutung bekommen und war zu einem Ritualgegenstand geworden. In
diesem speziellen Fall ist also ein Haushaltsgegenstand
zu einem Ritualgegenstand geworden. Aber Objekte
können auch auf andere Weise eine besondere Bedeutung erhalten. Wer den Monty Python-Film »Leben des
Brian« gesehen hat, kann sich möglicherweise an die
Szene erinnern, in der eine hysterische Sekte um einen
»heiligen« Kürbis gebildet wird. Eine Gruppe von Fana-
tikern auf der Suche nach dem Messias findet irgendwo
einen Kürbis und erklärt ihn als heilig. Auf diese Weise

kann jeder Gegenstand eine besondere Bedeutung erhalten.

Wenn ein Ritual abgehalten wird, werden häufig einige Standard-Zeremonialgegenstände gebraucht. Dafür gibt es verschiedene Gründe. Diese Gegenstände werden nur während eines Rituals verwendet. Wenn sie nicht in Gebrauch sind, werden sie weggeschlossen oder außer Reichweite in einem Behälter aufbewahrt. Werden sie dann aus dem Schrank (oder dem magischen Beutel) genommen, schaffen diese Gegenstände genau die besondere Atmosphäre, die für ein Ritual nötig ist. Die Gegenstände helfen dem Ritualleiter, den Stil des Rituals zu bestimmen.

Durch seine Vertrautheit vermittelt der Gegenstand ein Gefühl des Erkennens und der Sicherheit. War der Gegenstand bei hundert Ritualen dabei, die gut ausgegangen sind, werden auch die nächsten Rituale gut enden. In diesem Sinne stärkt der Ritualgegenstand das Vertrauen der Anwesenden.

Außerdem steigert das Berühren von Ritualgegenständen die Konzentration. Die Ritualgegenstände müssen ausgepackt und richtig angeordnet werden und geben so dem Ritualleiter Zeit, sich selbst vorzubereiten. Während dieser wenigen Minuten merken die Anwesenden, daß das Ritual jetzt gleich beginnen wird. Sie wissen, daß sie jetzt still sein und anfangen müssen, ihre Aufmerksamkeit auf das Ritual zu konzentrieren.

Doch hat ein Gegenstand, der lange Zeit bei Ritualen benutzt wird, mehr als nur symbolischen oder psychologischen Wert. Je nachdem bei welcher Art von Ritualen der Gegenstand gebraucht wird und wie fähig sein Benutzer ist, kann der Ritualgegenstand regelrecht von einer bestimmten Kraft beseelt werden, manchmal sogar so stark, daß er fast von alleine wirken kann. Die Kraft, die von einem Ritualgegenstand ausgestrahlt wird, kann sowohl positive als auch negative Effekte haben. Glücklicherweise sind nur wenige Menschen in der Lage, einen Gegenstand mit einer solchen Kraft zu belegen, daß jemand dadurch verletzt werden kann. In manchen esoterischen Kreisen geht jedoch das Gerücht, daß manche der alten magischen Statuen und Schmuckstücke (besonders aus Afrika) Menschen ziemlich krank machen können. Einmal konnte ich das aus erster Hand erfahren. Ich hatte einen Patienten, der zu mir zur Beratung kam. Er litt an unerklärlichen körperlichen Beschwerden. Während der Sitzung stellte sich heraus, daß seine Schmerzen von einer kleinen Holzstatue aus Afrika herrührten. Nachdem mein Patient die Statue aus seiner Wohnung entfernt hatte (meine Geisthelfer verlangten nichts Geringeres, als die Statue zu verbrennen), verschwanden seine Beschwerden augenblicklich.

Ich möchte die Leute durch diese Geschichte nicht erschrecken, aber ich glaube nicht, daß eine generelle Warnung hier fehl am Platze ist. Wenn du Rituale durchführen willst, mußt du einfach im Umgang mit alten Gegenständen aus anderen Kulturen Vorsicht walten lassen. Andererseits können alte Ritualgegenstände natürlich nicht nur Probleme hervorrufen, sondern auch eine gute Hilfsquelle sein. Sie können nicht nur negative, sondern genausogut auch positive Effekte haben.

Wenn du dich zu einem alten Gegenstand hingezogen fühlst, ist es immer besser, lieber auf Nummer sicher zu gehen. Bevor du mit dem Ritualgegenstand zu arbeiten anfängst, machst du am besten zuerst ein Reinigungsritual. Das empfiehlt sich besonders dann, wenn du den Gegenstand bei Gruppenritualen verwenden willst. In diesem Falle ist eine Reinigung des Gegenstands kein Kann mehr, sondern ein Muß.

Es gibt mehrere Methoden, Gegenstände zu reinigen. Wenn es das Material, aus dem der Gegenstand gemacht ist, zuläßt, kann er einen Tag oder länger in leichtes Salzwasser gelegt werden. Anschließend sollte das Wasser die Toilette hinuntergespült oder in irgendein anderes fließendes Gewässer gekippt werden. Salz ist eine der besten Substanzen zum Aufsaugen von negativer Energie. Du kannst den Gegenstand auch einfach eine Weile in feuchtes Salz legen, bevor du ihn ins Wasser eintauchst.

Eine andere Methode besteht darin, den Gegenstand lange Zeit in der Erde zu vergraben (mindestens zwei Wochen bis einen Monat). Zuerst mußt du jedoch die Erde bitten, alle negative Energie, die von dem Gegenstand möglicherweise freigesetzt wird, in sich aufzunehmen und umzuwandeln.

Eine weitere Methode ist die Verwendung von qualmendem Feuer oder Rauch. Für qualmende Feuer eignen sich besonders europäischer und amerikanischer Salbei, grüne Tannenzweige, Kräuter oder Blütenblätter. Du kannst dir deine eigene Mischung zum Abbrennen zusammenstellen. Zünde die getrockneten Kräuter an, und lasse sie vor sich hinschwelen, während du den Gegenstand in den Rauch hältst. Rauch von qualmenden Feuern oder Räucherwerk wird bei vielen Urvölkern zur Reinigung verwendet.

Arbeitest du hingegen mit einem völlig neuen Gegenstand oder einem, den du selbst hergestellt hast, läufst du keine Gefahr, daß damit irgend jemand Schaden zugefügt wird. Hast du dich allerdings dazu entschlossen, einen bestimmten Gegenstand regelmäßig bei Ritualen zu benutzen, empfiehlt es sich, ihm deinen »Stempel« aufzuprägen und immer vorsichtig mit ihm umzugehen. Dadurch wird der Gegenstand langsam mit deiner Kraft erfüllt und nach und nach auch mit der Kraft deiner Führer und Helfer aus den anderen Wirklichkeiten. Außerdem empfiehlt es sich, eine Vorstellungszeremonie abzuhalten, bei der du dich dem Gegenstand vorstellst und ihm erklärst, wofür du ihn verwenden und wie du mit ihm arbeiten willst.

Nachdem du den Gegenstand gereinigt hast, gibt es eine Methode, dir einen Gegenstand wirklich zueigen zu

machen: ihn mindestens eine Nacht lang in deinen Urin
zu legen. Natürlich kann man das nicht mit jedem Gegenstand machen, doch mit Steinen, Kristallen und Edel-
metallen funktioniert es im allgemeinen ganz gut. Andere Gegenstände kannst du mit etwas Urin einreiben.
Ich weiß, daß es komisch klingt, aber die Verwendung
von Urin zu magischen Zwecken ist in vielen Kulturen
verbreitet. Neben Urin werden auch Blut und Speichel
zur Behandlung von Ritualgegenständen verwendet.

Wenn die Ritualgegenstände nicht in Gebrauch sind,
sollten sie einzeln verpackt und an einem gemeinsamen
Ort aufbewahrt werden. Laß deine Ritualgegenstände
nach einem Ritual nicht einfach in der Gegend herum-
liegen, ob es sich nun um Kristalle, Federn, Schmuckstücke oder anderes handelt. Vielen Leuten gefällt die
Idee eines »Medizinbeutels«. Es handelt sich dabei um
einen besonderen Beutel, in dem du alle deine magischen
Objekte und Ritualgegenstände aufbewahrst. Diesen
Beutel oder diese Tasche kannst du dir entweder selber
machen oder kaufen.

Wozu auch immer du dich entschließt, bleibt völlig
dir selber überlassen. Es gibt nur ein paar Regeln für
den Umgang mit magischen Gegenständen. Gehe stets
respektvoll und vorsichtig mit deinen Ritualgegenständen um. Sobald du das Gefühl bekommst, ein Gegenstand habe negative Effekte, solltest du die Verantwortung übernehmen, ihn zu neutralisieren.

Ergebnisse der Rituale

Das Ergebnis eines Rituals ist nicht immer gleich
während des Rituals spürbar oder abschätzbar. Manchmal merkst du beim Abhalten des Rituals überhaupt
nichts. Ein Ritual kann jedoch immer ein wichtiger
Schritt sein. Ein greifbares Ergebnis kann sich bereits
eingestellt haben oder kann noch kommen.

Ebenso wie die Essenz eines Rituals größtenteils nicht materieller Art ist und nicht gesehen werden kann, sind auch die Wirkungen einer Reihe von Ritualen unsichtbar. Andere Rituale haben deutlich erkennbare Ergebnisse zur Folge, beispielsweise solche, die für einen Menschen abgehalten werden, der an einer bestimmten Krankheit leidet. In diesem Falle verschwinden die Symptome, und seine Gesundheit kehrt zurück. Und wieder andere Rituale zeigen nur in den anderen Wirklichkeiten eine Wirkung. Wenn das der Fall ist, sieht es zuerst so aus, als habe das Ritual überhaupt nichts bewirkt.

Manchmal wirst du Rituale abhalten, um ein bestimmtes Problem zu lösen. Wenn du nach einer Weile den Eindruck bekommst, daß dein Ritual keine Veränderung bewirkt hat, könnte dies ein Hinweis darauf sein, daß du noch mehr Information dazu einholen oder eine andere Lösung suchen mußt. In diesem Falle ist das Ergebnis des Rituals, daß du einer anderen Spur folgen mußt, um dein Problem zu lösen.

Manche Rituale können mit dem Säen von Samen verglichen werden: Es braucht seine Zeit, bevor das Ergebnis offensichtlich wird. Andere Rituale sind darauf ausgerichtet, bestimmte Situationen zu bestätigen oder zu stabilisieren, ohne daß dabei irgend etwas Besonderes geändert werden müßte. Auch in diesem Fall sind häufig keine direkten und dramatischen Effekte zu beobachten. Denke stets daran, daß das Ziel von Ritualen immer Heilung ist und daß die meisten Rituale vorbeugend wirken. In diesem Sinne kann es schwierig sein, das Ergebnis genau zu bestimmen. Wenn sich nach einem vorbeugenden Ritual nichts ändert, kannst du davon ausgehen, daß die Wirkung gut war (das Gleichgewicht bleibt erhalten), auch wenn du objektiv sagen könntest, es sei nichts passiert.

Manchmal wirst du merken, daß die Wirkung des Rituals sich bereits bei der Vorbereitung zu entfalten be-

ginnt. Ein anderes Mal passiert während der Vorbereitung absolut nichts. Und wieder ein anderes Mal
scheint während der Durchführungsphase des Rituals
am meisten zu passieren. Manchmal zeigen sich die
Effekte auch erst später, wenn du alles, was während des
Rituals passiert ist, aufarbeitest. Jedesmal wenn du ein
Ritual vorbereitest, durchführst und aufarbeitest, ist es
wieder anders. Es gibt keinen Grund, enttäuscht zu sein,
wenn ein Ritual nicht mit außergewöhnlichen und
intensiven Gefühlen endet oder ohne daß das Problem
augenblicklich gelöst würde. Letzten Endes hat jedes
Ritual eine Wirkung, auch wenn das Ergebnis jedes Mal
anders ist. Ein Effekt eines Rituals kann auch sein, daß
sich deine Ideen zu verändern beginnen oder daß du
anfängst, deine Probleme auf eine andere Art und Weise
anzugehen.

Vor ein paar Jahren hatte ich beschlossen, am 4. Mai
(Heldengedenktag in Holland) ein umfangreiches Ritual abzuhalten. Der Tag hatte für mich bis dahin nie
große Bedeutung gehabt, aber ich wollte ihm etwas
Persönliches hinzufügen. Ein Medium, das mir zufällig
begegnet war, hatte mir erzählt, ich hätte jüdische Vor-
fahren. Ich hatte noch nie etwas von einer jüdischen
Abstammung in meiner Familie gehört, doch nachdem
ich mehrere Familienmitglieder ausfragte, stellte sich
heraus, daß es stimmte. Endlich hatte ich eine Erklärung
dafür gefunden, weshalb ich mich dem jüdischen Volk
so verbunden fühlte. Der Heldengedenktag rückte immer näher und hatte dadurch zusätzliche Bedeutung für
mich gewonnen. Ich wollte diesem Gefühl durch ein
Ritual Ausdruck verleihen; ich verwendete viel Zeit
auf die Vorbereitung; ich kaufte Kerzen und alle möglichen Süßigkeiten; ich suchte Texte und Gedichte zum
Thema Tod. Gleichzeitig war ich sehr damit beschäftigt,
mich auf das Ziel meines Rituals zu konzentrieren.
Ich wollte etwas für mich selbst tun, andererseits aber
auch etwas für eine Reihe von Erwachsenen und Kin-

dern, die im Krieg in den Konzentrationslagern gestorben waren. Ich wollte das Ritual dazu benutzen, um meine Haltung gegenüber dem Tod zu verändern und um den Opfern des Naziregimes Hilfe und Heilung anzubieten.

Das Ritual selbst lief gut. Ich war allein zu Hause und hatte gerade meinen Meditationsraum gereinigt. Alles war vorbereitet. Insgesamt brauchte ich anderthalb Stunden, um das Ritual zu vollziehen. Ich zündete die Kerzen an, las die Texte vor, brachte den Opfern (vor allem den Kindern) Opfergaben in Form von Schokolade und Bonbons. Wenn ich ein Gefühl von Trauer in mir hochsteigen fühlte, nahm ich mir etwas Zeit zum Meditieren und las einen der Texte. In jedem dieser Texte war vom Tod als einem Moment der Befreiung die Rede. Ich stellte mir vor, die Texte würden von denjenigen, für die ich dieses Ritual abhielt, gehört und die von mir gesprochenen Worte könnten ihnen Trost spenden. Schließlich hatte ich das Gefühl, daß ich alles getan hatte, was getan werden mußte.

Ich war enttäuscht! Anstatt mit meinen Gefühlen im Zusammenhang mit Leiden und Tod konfrontiert zu werden, fühlte ich mich wirklich gut. Ich war nur ein paar Mal etwas traurig gewesen. Ich hatte das Gefühl, stundenlange Vorbereitung in etwas investiert zu haben, das nicht richtig funktioniert hatte – jedenfalls nicht was den Teil des Rituals betraf, der für mich bestimmt war. Offensichtlich hatte ich erwartet, alle möglichen starken Gefühle zu erleben oder irgendeine bedeutsame Erfahrung zu machen.

Erst später zeigte das Ritual eine klare Wirkung. Nach etwa einer Woche beschloß ich, einem Freund einen Brief zu schreiben. Zu meiner Verblüffung fing ich sofort, nachdem ich über das Ritual zu schreiben begonnen hatte, zu weinen an. Durch das Briefeschreiben kam ich mit der Essenz des Rituals in Kontakt. Obwohl ich das Ritual Tage zuvor abgehalten hatte, wurde mir das Ergebnis des Rituals erst klar, als ich darüber zu schreiben begann.

Egal ob du nach einem Ritual sofort Wirkungen beobachten kannst oder nicht, allein die Tatsache, daß du ein Ritual vollzogen hast, ist bereits ein wichtiger erster Schritt. Kein Ritual ist umsonst. Die Heilung kann bisweilen allein schon dadurch eintreten, daß man sich ernsthaft und offen mit einem Problem auseinandersetzt. Konzentration und Aufmerksamkeit sind selbst schon wertvolle Heilmittel.

Und schließlich ist es wichtig, noch ein paar Worte über *Manifestationsrituale* zu verlieren. Viele Rituale werden durchgeführt, um mehr Geld zu bekommen, ein besseres Haus zu finden oder den perfekten Partner anzuziehen. Was auch immer der Zweck des Rituals sein mag, wichtig ist, daß du nie versuchst, etwas zu bekommen, das jemand anderem gehört, oder etwas zu tun, mit dem du den freien Willen einer anderen Person beeinträchtigen könntest.

Vor nicht allzu langer Zeit kam mir ein schönes Beispiel zu Ohren, wie das gehen kann. Eigentlich ist diese Geschichte nicht ganz korrekt, denn normalerweise muß das Leben von anderen dabei visualisiert werden. Sie hat jedoch ihre guten Seiten. Freunde von mir hatten fürchterliche Probleme mit ihren lauten Nachbarn. Gleichzeitig wünschten sie sich, sie könnten die Wohnung mieten, in der diese Leute lebten. Sie wollten die andere Wohnung mit ihrer eigenen zusammenlegen, die viel zu klein für sie war. Bei ihrer Visualisierung konzentrierten sich meine Freunde nicht nur auf ihren eigenen Zugewinn, sondern stellten sich auch vor, ihre Nachbarn fänden ein besseres und viel billigeres Haus, in dem sie sich wirklich wohl fühlten. Erst danach stellten sich meine Freunde vor, sie könnten die leere Wohnung mieten. Nach ein paar Monaten ging ihr Wunsch in Erfüllung. Die Nachbarn hatten tatsächlich ein größeres und billigeres Haus gefunden, in dem sie leben konnten.

Überlege dir immer genau, weshalb du das willst, was du willst. Willst du mehr Geld, weil du unbewußt hoffst, dadurch mehr Freunde anzuziehen? Willst du ein neues Haus, weil du dann meinst, du wärst besser als deine Nachbarn? Versuchst du immer noch die Person anzuziehen, die dir schon in ausreichendem Maße klargemacht hat, daß sie deine Annäherungsversuche nicht schätzt? Wenn dich unterschwellige Motive leiten, ist die Gefahr groß, daß dein Ritual genau den gegenteiligen Effekt hat, als den, den du dir erhoffst.

Die Regeln sind ganz einfach. Laß andere so wie sie sind – versuche nie ihre Meinung zu beeinflussen. Bitte nicht nur für dich selbst um etwas, sondern gleichzeitig auch um Dinge für das Wohl von allen und allem. Das geht z.B. dadurch, daß du jedes Mal deine Manifestationsrituale mit demselben Satz beendest, wie z.B. »Was ich will oder etwas viel Besseres wird sich manifestieren und allen Beteiligten, sowie dem gesamten Kosmos Glück und Harmonie bringen.«

Wieder ist das Wichtigste bei jedem Ritual, daß du die Verantwortung für deine eigene Situation übernimmst. Bitte um Unterstützung und Hilfe, ohne etwas erzwingen zu wollen. Du kannst nur dann versuchen, das Leben einer anderen Person direkt zu beeinflussen, wenn du die ausdrückliche Erlaubnis dieser Person dazu hast. Ohne Erlaubnis kannst du für einen anderen Menschen nichts weiter tun, als ihm Glück und Gesundheit zu wünschen.

Kapitel 4

Rituale leiten

Rituale leiten und Verantwortung übernehmen

Beim Leiten von Ritualen muß bewußt eine Verbindung zwischen den verschiedenen Wirklichkeiten und den verschiedenen Erfahrungsebenen hergestellt werden. Das erfordert Übung und besondere Kenntnisse. Während die Ritualteilnehmer beten oder irgend etwas anderes tun, ist der Ritualleiter häufig mit ganz anderen Dingen beschäftigt. Das ist auch dann der Fall, wenn es für die anderen gar nicht so aussieht. Während eines Rituals vollbringt der Ritualleiter eine Menge Arbeit »hinter den Kulissen«. Störende Einflüsse müssen neutralisiert, starke Einflüsse abgeschwächt und schwache Einflüsse verstärkt werden. Energie muß gebündelt und in Bewegung gesetzt werden. Der Ritualleiter muß ständig voll konzentriert sein, um direkt auf alles, was passiert, reagieren zu können.

Zu den sichtbaren Aspekten eines Rituals gehören Handlungen, Worte, Symbole und vielleicht noch Ritualgegenstände und andere Materialien. Doch diese Dinge machen nur einen kleinen Teil eines Rituals aus. Die Hauptaufgabe des Ritualleiters bei einem Ritual besteht im bewußten Umgang mit Energie. Deshalb ist es für die Menschen, die lernen wollen, wie man Rituale leitet, wichtig, Energie wahrnehmen zu lernen. Jeder Mensch nimmt Energie auf eine andere Art und Weise wahr, z.B. als Licht einer bestimmten Farbe, als Bewegung, Klang, ein Kribbeln oder ein Gefühl. Wie Energie wahrgenommen wird, ist völlig unwichtig, solange die Energie abgelesen, gehört, gespürt, gerochen oder sonst irgendwie gemessen werden kann. Energie selbst hat eine ganz besondere und typische Qualität. Und je nach dem Zweck des Rituals muß die Qualität der Energie dann gebündelt, verändert oder angepaßt werden. Das erfordert viel Konzentration und Übung.

Ein Ritualleiter nimmt viel Verantwortung auf sich. Er könnte mit dem Dirigenten eines Orchesters verglichen werden. Jeder Musiker erzeugt eine bestimmte Menge von Energie (in Form von Klangwellen), die von dem Dirigenten gebündelt und aufeinander abgestimmt (dirigiert) werden müssen. Der Dirigent selbst erzeugt keine Energie, aber er muß mit der vom Orchester erzeugten Energie umgehen können. Und dasselbe geschieht auch mit der Energie der Ritualteilnehmer. Der Ritualleiter muß die Energie auf harmonische Weise kombinieren, aufeinander abstimmen und in eine bestimmte Richtung lenken. Das Endergebnis des Rituals hängt damit von dem Ritualleiter ab.

Als Leiter von Gruppenritualen mußt du in der Lage sein, Energie wahrzunehmen und in eine bestimmte Richtung zu lenken. Praxis ist die beste Übung. Gehe jedesmal, wenn du mit Ritualen arbeitest, ein kleines Schrittchen weiter, und übernehme jedesmal etwas mehr Verantwortung. Es ist nicht einfach, zu beschreiben, wie man Energie wahrnimmt und in eine bestimmt Richtung lenkt, aber vielleicht wird das Ganze an ein paar Beispielen klarer.

In vielen Gruppen verwende ich Übungen und Rituale, bei denen die Teilnehmer Töne erzeugen. Häufig benutze ich Töne, um die Gruppenenergie zu bündeln und den Teilnehmern das Aufeinandereinstimmen zu erleichtern. Aber nehmen wir einmal an, bei einer Übung herrsche auf energetischer Ebene Chaos statt Harmonie. Manche singen zu laut, während andere sich kaum trauen, den Mund aufzumachen. Die Töne harmonieren nicht, sondern klingen ganz falsch. Was nun? Meine Ohren können mir nur einen Teil der Informa-

tion liefern. Trotz geschlossener Augen bekomme ich
auch einen visuellen Eindruck. Beispielsweise sehe ich
um die zu laut singenden Personen verschiedene, sich
beißende Farben, die durch den Raum schießen. Und
die Farben der anderen, die fast nicht singen, sind kaum
wahrnehmbar. Oder aber ich sehe bunte, pulsierende
Lichter im Raum hängen, die die Teilnehmer eher stö-
ren als entspannen. Meine ganz persönliche Art mit diesen Situationen umzugehen, besteht darin, dem Raum
(durch Visualisierung) Farben und Schwingungen hin-
zuzufügen, so daß mehr Harmonie erzeugt wird. Ich
dämpfe manche Farben und intensiviere andere. Gleichzeitig benutze ich meine Stimme. Ich singe bestimmte
Töne, um Ordnung in das Chaos zu bringen. Ich verwende also eine Kombination aus Klang und Bildern,
um bestimmte Veränderungen zu bewirken.

Hier noch ein anderes Beispiel: Vor einiger Zeit leitete ich eine Trancereise für eine Gruppe. Alle Teilnehmer lagen auf dem Boden, und ich saß in der Mitte und
schlug meine Trommel. Während ich meine Augen geschlossen hatte, ließ ich meine Aufmerksamkeit willkürlich von einem Teilnehmer zum nächsten gleiten,
um zu sehen, ob alles gut lief. Irgendwann bemerkte
ich, daß eine der Teilnehmerinnen ihren Körper teilweise verlassen hatte. Ich sah sie auf dem Boden neben
ihrem Körper sitzen. Der Teil von ihr, der sich außerhalb ihres Körpers befand, war in einem Zustand heller
Panik. Ich entschied mich deshalb dazu, das Ritual zu
beenden. Ich hörte auf zu trommeln und schlug vor,
unsere Erfahrungen nun miteinander zu teilen und bat
die Teilnehmer, zu erzählen, was sie erlebt hatten. Zuerst fragte ich die Frau, die ihren Körper (unbewußt)
verlassen hatte, ob sie uns etwas erzählen wollte. Sie erzählte der Gruppe, daß sie bei dem Ritual einen Flash-
back gehabt hatte, bei dem sie noch einmal durchlebte,
wie sie als kleines Kind sexuell mißbraucht worden war.
Das war keine neue Information für sie, aber die Erfah-

rung noch einmal zu durchleben, war ein Schock für sie. Es war klar, daß sie im Moment nicht mit dem Ritual fortfahren konnte.

Meine Wahrnehmung war also der Auslöser dafür gewesen, das Ritual vorzeitig zu beenden. Offensichtlich hatte ich mich richtig entschieden, denn für diese Frau war es nicht möglich weiterzumachen.

Du weißt, daß du auf dem richtigen Weg bist, wenn die Korrekturen, die du aufgrund deiner Wahrnehmungen vornimmst und die Entscheidungen, die du triffst, sich als wirkungsvoll und im nachhinein als richtig herausstellen. Die einzige Möglichkeit, deine persönliche Methode zu entwickeln, ist, einfach anzufangen, mit Energie zu arbeiten. Leider kann ich nur wenig Anleitungen geben, wie man das am besten macht. Oder um es ganz einfach zu sagen: Je mehr du bei einem Ritual wahrnimmst, desto größer ist deine Chance, das Ritual gut zu leiten.

Was außerdem sehr wichtig ist, ist, daß du zum richtigen Zeitpunkt damit *aufhörst*, die anderen Wirklichkeiten wahrzunehmen. Die Kanäle zu öffnen, um mehr Information zu erhalten, ist eigentlich gar nicht so schwierig. Es gibt alle möglichen Schulen, die dir das beibringen können, z. B. Schulen zur Entwicklung der Intuition. Aber die Schwierigkeit besteht nicht im Öffnen, sondern im Verschließen der Kanäle. Du kannst und mußt dies lernen, indem du dich auf etwas anderes konzentrierst. Du mußt deine Aufmerksamkeit buchstäblich auf etwas anderes lenken.

Natürlich gibt es verschiedene Arten von Ritualen, die von einfachen bis komplexen reichen. Auch wenn du bisher nur wenig oder gar keine Erfahrung mit Ritualen hast, kannst du anfangen, Rituale zu leiten. Wichtig ist nur, daß du mit etwas ganz Einfachem anfängst, das du dann schrittweise ausbauen kannst. Um sicher im Umgang mit Ritualen zu werden, solltest du erst einmal für dich alleine Rituale abhalten. Später

kannst du dann kurze und einfache Gruppenrituale leiten, vielleicht zu Beginn mit ein paar Freiwilligen.
Wenn du dich dann ganz sicher und vertraut damit
fühlst, kannst du anfangen, dein eigenes Ritualreper-
toire aufzubauen. Denke immer daran, daß ein Ritual
auf allen verschiedenen Ebenen äußerste Sorgfalt erfordert. Zum einen verlangt es praktische Organisation
und zum anderen energetische Arbeit. Ein Ritual hat
einen Anfang, eine Steigerung bis zum Höhepunkt
(Mitte) und ein Ausklingen oder Ende. Das mußt du
beachten. Mache dir Pläne, und bereite alles gut vor, damit beim Ritual selbst alles glattläuft. Die praktische
Seite baut auf deine richtige Planung auf. Mit ihr
schaffst du die Voraussetzungen für ein gutes Ritual. Ein
Ritual, bei dem alles glattläuft, erleichtert die Konzentration ungemein. Und das bringt uns zur energetischen
Seite des Rituals, die eine völlig andere Art von Arbeit
erfordert. Hier ist nicht die Planung wichtig, sondern
die Fähigkeit, zu beobachten, was passiert, und in geeig-
neter Form darauf zu reagieren.

Wenn du ein Ritual leitest, ist es wichtig, die Fähigkeiten, die du dazu brauchst, so gut wie möglich zu beherrschen. Wenn du kein Heiler bist, ist es wahrscheinlich besser, kein kompliziertes Heilungsritual mit einer
Person durchzuführen, die ernsthaft krank ist. Wenn du
kein Rhythmus- und Klanggefühl hast, ist es nicht
weise, ein Ritual zu leiten, in dem Musik in eine bestimmte Richtung gelenkt werden muß. Am Anfang
mutet man sich leicht zu viel zu. Das ist dem Erfolg deines Rituals nie zuträglich. Zuerst einmal ist es wichtig,
eine Bestandsaufnahme deiner eigenen Fähigkeiten und
Begabungen zu machen. Akzeptiere sie, so wie sie sind,
und nimm sie zur Ausgangsbasis für deine Rituale. Die
beste Möglichkeit, Schwierigkeiten zu vermeiden, ist
absolut ehrlich mit dir selbst zu sein. Überlege dir genau, welche Eigenschaften du bereits besitzt und welche du erst noch entwickeln mußt. Verlasse dich bei der

Ritualarbeit hauptsächlich auf die Eigenschaften und Fähigkeiten, die du bereits besitzt.

Jede Person hat besondere Fähigkeiten. Diese Fähigkeiten und Begabungen, die du bereits besitzt, sind dein Grundstock. Gehe langsam vor, und nimm dir Zeit, diesen Grundstock auszubauen. Tappe nicht in die Falle, alles auf einmal lernen zu wollen. Einer meiner Lehrer sagte einmal, man erkenne einen guten Heiler daran, daß er viele seiner eigenen Patienten zu anderen Heilern schicke. Jeder Ritualleiter und Heiler ist ein Mensch mit einer begrenzten Anzahl von Grundfähigkeiten, die bei ihm entwickelt sind. Ein guter Ritualleiter ist ein Spezialist, der nur soviel Verantwortung übernimmt, wie er auch tragen kann. Ein guter Ritualleiter, weiß, was er kann, und wichtiger noch, was er nicht kann.

Nach Lektüre der letzten Abschnitte könnte der Eindruck entstehen, mein Ansatz sei sehr männlich geprägt: üben, lernen Kontrolle auszuüben, Energie lenken etc. Was mich betrifft, kann ich nur sagen, daß es letztendlich Intuition und Improvisation sind, die ein Ritual mit Leben erfüllen und unerläßliche Elemente sind. Doch für sich alleine genommen reichen sie einfach nicht aus.

Ich sehe das Leiten von Ritualen als eine Arbeit an, bei der die Technik der Intuition Tür und Tor öffnet. Vergleichen wir den Ritualleiter einmal mit einem Bildhauer, der zuerst die Technik und den Umgang mit den Materialien lernen muß, bevor er sich wirklich gehenlassen kann. Neue Kombinationen von verschiedenen Materialien und wirklich inspirierende Kunstwerke gehen immer über die schwierigen Techniken hinaus, die man zuerst lernt. Doch es ist letztendlich die Technik, die die Voraussetzungen schafft, die es dem Künstler erlauben, seiner Inspiration Ausdruck zu verleihen. Keines kommt ohne das andere aus. Dasselbe gilt auch für die Ritualleiter. Eine Technik zu erlernen, ist notwendig, denn es ist die Grundlage, die dem Ritual eine

starke Ausgangsbasis gibt. Aber es ist die Intuition, die
einem Ritual, das über die Technik hinausgeht, Leben
einhaucht.

Ein guter Ritualleiter ist in der Lage, die Teilnehmer
zu inspirieren und ihnen sozusagen Auftrieb zu geben.
Ein unerfahrener oder schlechter Ritualleiter wird erleben, daß die Teilnehmer wenig erreichen, daß die
Dinge nicht glattlaufen oder daß es während des Rituals
Schwierigkeiten mit der Konzentration gibt. Nicht umsonst dürfen in traditionellen Kulturen wichtige Rituale
nur von solchen Personen abgehalten werden, die eine
besondere Ausbildung erfahren und bewiesen haben,
daß sie diese Art von Arbeit beherrschen.

Was die Zeit betrifft, die man braucht, um ein guter
Ritualleiter zu werden, kann ich nur sagen, daß es
wahrscheinlich Jahre dauern wird. Wie bei jedem Beruf
erreicht man die Stufe der Meisterschaft erst nach viel
Üben und umfangreichen Erfahrungen. Das heißt jedoch nicht, daß du keine unmittelbaren Ergebnisse erzielen oder daß du keine Rituale leiten kannst. Wichtig
ist indessen, daß du dir bewußt wirst, daß das Leiten
von Ritualen eine Kunst für sich ist und daß du, um ein
Meister darin zu werden, noch viele Dinge lernen mußt.

Visualisierung

Wenn du lernen willst, wie man Rituale leitet, ist es
sehr nützlich, dich im Visualisieren zu üben. Hier ein
Beispiel: Laß vor deinem geistigen Auge ein Bild entstehen und konzentriere dich darauf. Laß alle Bilder,
die gleichzeitig erscheinen, gleichberechtigt neben dem
urprünglichen Bild stehen. Das ist eine gute Vorbereitung, um zu lernen, wie man beim Leiten von Ritualen
mit Energie arbeitet.

Visualisierung ist eine gute Methode, um sich auf die
anderen Wirklichkeiten einzustimmen. Du kannst z. B.

eine Schamanenreise beginnen, indem du dich auf den Trancerhythmus einer Trommel oder einer Rassel konzentrierst. Während du auf diesen Rhythmus horchst, stellst du dir einen tatsächlich existierenden Ort in der Natur vor. An diesem Ort muß es einen Eingang zu Unterwelt geben, also einen Teich, eine Quelle, eine Höhle, einen Tunnel oder einen Baumstumpf. Dann stellst du dir vor, daß du durch den Eingang hineingehen, -klettern oder -schwimmen würdest. Bist du erst einmal drinnen, stelle dir vor, du befändest dich in einem Tunnel. Von diesem Moment an werden von ganz alleine Bilder auftauchen. Die Trancereise hat begonnen.

Visualisierung ist nicht nur eine gute Technik, um andere Wirklichkeiten wahrnehmen zu lernen, sondern auch um Dinge entstehen zu lassen und an anderen Wirklichkeiten teilzuhaben.

Als ich anfing, mich in Visualisierungtechniken zu üben, erlebte ich oft, wie wirkungsvoll die Ergebnisse sein können. Die erzeugten Bilder werden auf einer anderen Ebene Wirklichkeit. Wenn du sehr starke Konzentration aufbringst, können sie auch zu einem Teil dieser Wirklichkeit werden. Vor ein paar Jahren machte ich regelmäßig Visualisierungsübungen. Eine Übung, die ich oft wiederholte, war, meine Wohnung zu schützen. Bei dieser Übung arbeitete ich mit weißen Rosen, da sie für mich ein Symbol der Reinheit und des Schutzes sind. In meinem Schlafzimmer stellte ich mir weiße Rosen in den Ecken und entlang der Wände in Abständen von etwa 50 Zentimetern vor. Jedes Mal versuchte ich, mir die Rosen gleichzeitig vor mir, um mich herum und hinter mir vorzustellen. Nach ein paar Wochen hörte ich mit dieser Übung auf und machte sie ein paar Monate lang nicht mehr. Irgendwann kam sie mir wieder in den Sinn, und ich beschloß, die Übung noch einmal zu machen. Ich setzte mich hin, schloß die Augen und begann mich zu konzentrieren, aber noch bevor ich anfangen konnte, mir eine Rose vorzustellen, sah ich bereits, daß um mein ganzes Zimmer eine Hecke aus Rosen gewachsen war. In meiner ursprünglichen Übung hatte ich mir Rosen mit einem etwa 50 Zentimeter langen Stiel vorgestellt, wie man sie im Blumenladen kaufen kann. Anscheinend waren die Rosen in der Zeit, in der ich keine Visualisierungen gemacht hatte, nicht einfach verschwunden, sondern gewachsen. Statt nun eine Reihe von einzelnen geraden Rosen vorzufinden, war mein Schlafzimmer von einer Rosenhecke eingewachsen, die bis an die Decke reichte. Sie wuchs sogar über der Decke und unter dem Fußboden weiter.

Visualisierungen stellen ein wirksames Hilfsmittel dar, um Informationen aus den anderen Wirklichkeiten zu erhalten. Das ist der wichtigste Grund, warum man lernen sollte, Visualisierungen zu benutzen. Was du als Visualisierung beginnst, kann in einer Wahrnehmung anderer Wirklichkeiten enden. Und wenn man viele Rituale leitet, ist es notwendig, andere Wirklichkeiten wahrzunehmen. Wenn ich selbst ein Ritual leite und wissen will, ob sich eine gute Verbindung zwischen den Teilnehmern eingestellt hat, benutze ich oft Visualisierungen, um an diese Information zu kommen. Zuerst stelle ich mir vor, jeder Teilnehmer strahle Licht aus. In meiner Vorstellung sieht es dann so aus, als sei jeder eine Art leuchtende Leselampe. Wenn ich mich auf dieses Bild konzentriere, ohne mich von anderen Gedanken ablenken zu lassen, beginnt sich das Bild nach ein paar Sekunden zu verändern. Ich sehe dann, daß einige Lichter stärker und andere sanfter leuchten. Außerdem sehe ich dann auch verschiedene Farben. Wenn ich Visualisierungen auf diese Weise benutze, lasse ich zuerst ein Bild entstehen und schalte dann alle meine Gedanken aus, so daß eine Leere entsteht, durch die mich die Information erreichen kann.

Die nächste Übung kann dir als Übungsrichtlinie dienen, falls du irgendwann mit Gruppenritualen arbeiten möchtest.

Bitte eine Gruppe von Freiwilligen, mit dir ein einfaches Heilungsritual durchzuführen, bei dem sich alle Teilnehmer in einen Kreis setzen. Du leitest das Ritual. Stelle dir während des Rituals vor, jeder Teilnehmer strahle Energie in Form von Licht aus. Übe dich darin, alle Teilnehmer gleichzeitig wahrzunehmen. Lasse nun beim Visualisieren die verschiedenen Lichtfarben in der Mitte des Kreises zusammenfließen und zu einem Bündel aus weißem Licht verschmelzen. Gleichzeitig kannst du dich darin üben, dir weiterhin die ursprünglichen Bilder vorzustellen: Z.B. hältst du das Bild von den verschiedenen Farben, die die Teilnehmer ausstrahlen, fest, während du gleichzeitig siehst, wie die Farben in das Bündel aus weißem Licht zusammenfließen (das sich während des Rituals ständig vergrößert). Während du all dies tust, schickst du außerdem aus dem weißen Bündel Energie an einen Menschen oder Ort auf Erden, der dringend Heilung braucht.

Wenn du diese Übung das erste Mal machst, wirst du viel Konzentration aufbringen müssen, aber mit der Zeit wird sich das ändern. Konzentriere dich am Anfang auf einzelne Bilder oder Aspekte von Bildern und gehe dann nach und nach dazu über, dir drei bis vier einzelne Aspekte oder Bewegungen vorzustellen. Versuche sie dir gleichzeitig vorzustellen. Du wirst merken, daß die visualisierten Bilder ein Eigenleben zu entwickeln beginnen. So fangen z.B. Farben und Formen an, sich von sich aus zu verändern. Wenn du mit dieser Technik erst einmal mehr Erfahrung hast, brauchst du dir nur noch am Anfang etwas vorzustellen; danach kannst du einen Teil deiner Aufmerksamkeit auf diese Bilder richten, ohne daß es dich viel Konzentration kostet. Visualisierung wird also zu Wahrnehmung, und die Bilder, die du siehst, sind eine Informationsquelle. Und mit dieser Information arbeitest du bei den Ritualen.

Der Körper als Instrument

In den vorangegangenen Kapiteln haben wir uns mit Energiearbeit befaßt. Viele Leute glauben, sie könnten keine Energie wahrnehmen. Und außerdem glauben sie, daß das Wahrnehmenlernen von Energie unmöglich oder zumindest extrem schwierig sei. Ich bin davon überzeugt, daß es weitaus weniger schwierig ist, Energie wahrnehmen und mit ihr umgehen zu lernen, als gemeinhin angenommen wird. In meinen Kursen habe ich gesehen, daß jede Person eine Form dafür finden kann. Letzten Endes mußt du nichts weiter tun, als auf deinen Körper hören lernen.

Der menschliche Körper ist der »Punkt«, in dem alle Wirklichkeiten des menschlichen Daseins verankert sind. Die Menschen existieren und funktionieren gleichzeitig auf mehreren Ebenen. Der Körper ist der Mittelpunkt, in dem alle Information zusammenfließt. Und damit ist er auch dein Tor zur Wahrnehmung von anderen Wirklichkeiten und Energie.

Obwohl die meisten Menschen glauben, sie registrierten Energie nur über ihre Seh- und Hörkanäle, wird die Energie, die dich umgibt, unbewußt immer auch auf anderen Ebenen wahrgenommen. Um dir diese Information zunutze zu machen, mußt du nur aufmerksam auf die zarten Signale deines Körpers achten.

Stell dir einmal vor, du stündest mit dem Rücken zur Tür, und ohne es zu bemerken, kommt jemand herein. Plötzlich fängst du an zu zittern und verspürst den Wunsch, dich schützen zu wollen. Du drehst dich um und siehst einen Freund, der vor Gesundheit zu strotzen scheint. Du begrüßt ihn und wunderst dich im Stillen, weshalb du wohl das Bedürfnis hattest, dich zu schützen. Während des Gesprächs mit deinem Freund stellt sich heraus, daß er bis über beide Ohren in Schwierigkeiten steckt. Du hörst dir seine Geschichte an. Nach einer halben Stunde geht er wieder, und du fühlst dich wie ausgesaugt und total müde. Das Gefühl, das du hattest, als dein Freund zur Tür herein kam, beruhte auf deiner unbewußten Wahrnehmung seiner Energie. Deine Wahrnehmung war richtig und ebenso deine intuitive Reaktion darauf.

Es gibt Tausende von Möglichkeiten, über die unsere Körper uns Informationen vermitteln können. Alles, was unbewußt auf der energetischen Ebene wahrgenommen wird, wird auf die eine oder andere Art von unserem Körper in Signale umgewandelt. Du brauchst wirklich nichts weiter zu tun, als auf die Signale zu achten, die dir dein Körper gibt. Alles kann ein Signal sein: ein Jucken, unruhige Bewegungen, eine Stelle, die warm oder kalt wird, ein Muskel, der leicht zuckt, ein kleiner Schock oder ein Finger, der auf den Tisch klopft. Die meiste Zeit wird unser bewußter Verstand diese Signale nicht als Reaktionen auf Energie erkennen. Achtest du aber erst einmal darauf, kannst du deinen Körper verstehen lernen und ihn zu einem Instrument entwickeln, das dir genau sagt, was los ist und was du machen sollst.

Bei einem Gruppenseminar leitete ich einmal ganz unschuldig eine Übung, die schließlich zu einem Tollhaus ausartete. Alle schrien, kreischten, weinten, rollten auf dem Boden herum oder schaukelten wild durch die Gegend. Ich hatte wirklich nicht die geringste Ahnung, was vor sich ging. Hätte ich mich nur auf meine rationalen Fähigkeiten verlassen, hätte ich sofort eingegriffen und dem ganzen Theater ein Ende gemacht! Stattdessen versuchte ich, ohne meinen Intellekt auszublenden, stärker auf meine Körpersignale zu achten. Meine Körpersignale sagten mir, daß sich alle großartig fühlten und daß das, was da vor sich ging, nicht gefährlich war, weil niemand seine Grenzen überschritt. Niemand, der diese Gruppe gesehen hätte, hätte das für möglich gehalten! Ich folgte der Information, die mir mein Körper vermittelte und beendete das Ritual, als ich das Gefühl hatte, daß es jetzt genug war. Nachdem wir aufgehört hatten, sagten mir alle, daß sie sich wunderbar gefühlt hatten. Mein Körper hatte mir also die richtige Information vermittelt.

Nimm dir Zeit, um Vertrauen zu deinem Körper zu entwickeln. Höre, schaue und fühle, was er dir klar machen will. Achte auf die kleinen Veränderungen in deiner Stimmung, deinen Muskelspannungen und alles, was sich in deinem Körper verändern kann. Wenn du die Energie in einer Gruppe oder einem Raum erspüren möchtest, dehne dein eigenes Energiefeld aus, bis es den ganzen Raum umschließt. Achte dann aufmerksam auf deine Reaktionen, schon die leiseste Empfindung kann dir wertvolle Information liefern. Sobald du diese Signale sicher deuten kannst, kannst du dir deinen eigenen Weg durch das Labyrinth des Ritualeleitens suchen, indem du nur deinen Körper als Kompass benutzt. Du brauchst Energie auf keine andere Art wahrzunehmen.

Die Falle des Schattens

Eine der größten Fallen, in die du bei der spirituellen Arbeit und der Arbeit mit Ritualen tappen kannst, ist die Vorstellung, manche Menschen seien besser als andere (du eingeschlossen). Die Grenze zwischen positiv und negativ, gut und böse, gut und weniger gut, täuscht oft. Durch so einfaches Schwarzweißdenken können gefährliche Situationen entstehen. Positiv und negativ sind zwei Seiten derselben Medaille und können ohne die andere nicht existieren.

Es gibt keine Menschen, die nur »gut« oder »schlecht« sind. Mehr oder weniger offensichtlich hat jeder Mensch eine Schattenseite. Der Schatten ist der Teil der Psyche und Persönlichkeit, die ein Mensch bei sich nicht wahrhaben will. Zum Schatten können alle möglichen »negativen« Gefühle oder Eigenschaften gehören: Haß, Eifersucht, Mordlust, Faulheit und vieles mehr. Es kann sich dabei nicht nur um Charaktereigenschaften, Neigungen und Gefühle handeln, die ein Mensch als Einzelperson bei sich verleugnet, sondern ein wichtiger Teil des Schattens kann auch durch die Gesellschaft begründet sein. Alles Unerwünschte und Verachtungswürdige innerhalb einer Gesellschaft wird unterdrückt und zu einem Teil des Schattens jedes einzelnen seiner Mitglieder.

Der Schatten bekommt im Bewußtsein einer Person nicht den Platz, der ihm zusteht, weil er so verwerflich ist und begibt sich deshalb in den Untergrund. Die Folge davon ist, daß der Schatten auf andere Menschen projiziert wird. Er lebt im Unterbewußtsein fort und sucht nach Anerkennung und Bestätigung im Verhalten anderer. Natürlich löst der projizierte Schatten starke Reaktionen aus und führt zu negativen Urteilen. Das ist einfach darauf zurückzuführen, daß der Mensch im allgemeinen dazu neigt, andere Menschen sehr viel stärker für Dinge zu verurteilen, die er bei sich selbst nicht zugeben und zulassen kann.

Jemand, dem in seiner Kindheit beigebracht worden ist, daß Spielen und Kreativität nutzlos ist, weil man sich damit keinen Lebensunterhalt verdienen kann, könnte leicht einen Schatten entwickeln, bei dem Kreativität eine zentrale Rolle spielt. Trifft diese Person beispielsweise einen Bildhauer, können bei ihr alle möglichen negativen Reaktionen ausgelöst werden. Die Reaktionen können sich folgendermaßen anhören: »Dieser Künstler ist ein Schmarotzer, der von meinen Steuergeldern lebt. Er würde die Zeit besser damit verbringen, etwas Nützliches zu tun. Sich mit Kunst beschäftigen ist doch keine Arbeit. Die Künstler sollten mal anfangen, erwachsen zu werden und für sich selbst Verantwortung zu übernehmen.« Mit dieser Art von Reaktion lernt diese Person den Künstler nie richtig

von Mensch zu Mensch kennen, sondern sieht stattdessen immer nur seinen eigenen Schatten. Es ist unwichtig, ob der Künstler schöne oder häßliche Gegenstände
macht, er weiß ja von vorneherein, daß er ein Tauge-
nichts und Schmarotzer ist.

Wenn dich der Schatten interessiert, lohnt es sich auf
jeden Fall, sich mit der Arbeit von Hal Stone und Sidra
Winkelman zu beschäftigen. Sie haben die sogenannte
Stimmendialogmethode entwickelt, die sich viel mit
Schattenmaterial beschäftigt. Ihre Prämisse lautet, daß
jede Person viele Unterpersönlichkeiten besitzt, die
nicht geschätzt werden. Diese abgelehnten Teile von
uns bilden den Schatten. Mit der Stimmendialogmethode kann man seinen eigenen Schatten erforschen.
Dadurch kann die unbewußte Projektion unseres Schattens durchbrochen werden.

Für alle Menschen, aber besonders für Therapeuten
und Personen, die Rituale leiten wollen, ist es wichtig,
sich zu ihrem Schatten zu bekennen, anstatt ihn zu un-
terdrücken. In dem Moment, in dem du jemand anderen wirklich ablehnst, haßt oder fürchtest, siehst du im
seltensten Falle wirklich diese Person. Viel wahrschein-
licher ist es, daß du stattdessen einen Teil deines eigenen Schattenmaterials siehst. Wenn du Verantwortung
für deinen Schatten übernimmst, brauchst du ihn nicht
länger auf andere zu projizieren. Und nur wenn du frei
von Schattenprojektionen bist, kannst du selbst ein guter
Ritualleiter sein.

Uh, halt mal! Hier ist wieder einmal der Schatten am
Werke. Der letzte Satz des vorigen Abschnitts ist ein
klares Beispiel dafür. Ich bin mit dem Ammenmärchen
aufgewachsen, daß nur Perfektion etwas gilt und jeder
Fehler dich schwach und weniger würdig macht. Da
aber natürlich kein Mensch vollkommen ist, auch ich
nicht, kann ich immer noch von allen enttäuscht werden. Bis zu einem gewissen Maße hasse ich deshalb
mich selbst und andere, da niemand mein Forderung

nach Perfektion erfüllen kann. Auch jetzt noch versuche ich mich selbst zur Perfektion zu zwingen. Wenn du wüßtest, wieviel Korrekturen für dieses Buch nötig waren! Aber das ist etwas, das ich mir lieber nicht anlasten will, denn ich habe mich davon überzeugt, daß das eine hoffnungslose Aufgabe wäre. Mein Verstand sagt mir, daß ich mir keine unerreichbaren Ziele setzen soll, und ich unterdrücke die Seite von mir, die immer noch nach Perfektion strebt. Und dann, wie beim Schreiben dieses Kapitels, bricht es plötzlich wieder aus mir heraus. Ich möchte (mein Schatten möchte), daß meine Leser verstehen, daß sie nur dann ein Ritual leiten können, wenn sie perfekt sind und ihren Schatten vollkommen integriert haben. Sonst werdet ihr bestraft! Das ist die verurteilende Stimme meines Schattens.

Es funktioniert einfach nicht, einzelne Menschen, Gruppen, Rassen oder Kulturen in die Schubladen »gut« und »böse« einzuordnen. Bei der Ritualarbeit hat man es häufig mit Kombinationen von gut und böse zu tun. Man denke nur einmal an die Voodoo-Tradition auf Haiti. Alle haben schon einmal etwas von dem Phänomen der »wandelnden Toten«, den sogenannten Zombies, und von den Voodoo-Puppen gehört, in die Nadeln gesteckt werden, um andere angeblich krank zu machen. In Wirklichkeit handelt es sich bei Voodoo nicht um einen furchtbaren Kult Schwarzer Magie, wie es in allen Horrorgeschichten immer dargestellt wird. Voodoo ist eine Religion, in der es viele Geheimgesellschaften gibt. Eine Gesellschaft schützt ihre Mitglieder gegen Angriffe von Außenstehenden. In extremen Fällen, wenn ein Missetäter tatsächlich jemand zu seinem Opfer gemacht hat und nicht die Absicht hat, damit aufzuhören, kann wirklich einmal »Schwarze« Magie angewandt werden. Aber das geschieht nicht ohne Plan, weil irgend jemand einen anderen willkürlich verletzen will. Es geschieht nur, weil es zum Schutz der Gemeinschaft vor weiterem Unheil nötig ist.

Wer Schwarze Magie benutzt, um jemanden zu verletzen, ob es sich nun um einen Voodoo-Priester oder
irgendeine andere Person handelt, tut dies nicht, um
einfach jemand anzugreifen, sondern letztendlich um
sich selbst oder andere vor persönlichem Schaden zu
schützen. Ob du nun mit diesen Methoden einverstanden bist oder sie ablehnst, die Absicht dahinter ist nicht
böse. Im Prinzip handelt eine Person, die eine Ritual für
den Weltfrieden abhält, aus denselben Motiven. Auch
diejenigen, die »weiße Rituale« abhalten, machen dies
aus Eigennutz: Sie wollen eine gesunde Umwelt, damit
sie und ihre Kinder in Frieden leben können.

Neben der Schwarzen Magie, die ausschließlich für
Schutzzwecke benutzt wird, gibt es sicherlich einzelne
Personen und Gruppen, die aus reinem Eigennutz
Macht über andere ausüben wollen, um Macht zu spüren. Menschen, die so etwas machen, schaden damit
nicht nur ihren Opfern, sondern letztendlich auch sich
selbst.

Weshalb erzähle ich dieses ganze Zeug über den
Schatten und Schwarze Magie? Weil du beim Durchführen und Leiten von Ritualen ganz sicher mit dem
Schatten und möglicherweise auch mit Schwarzer Magie in Berührung kommen wirst.

Es könnte vorkommen, daß du ein Ritual verwenden
möchtest, um einen Teil deines eigenen Schattens, den
du unbewußt auf jemand anderen oder etwas anderes
(eine Person, eine Gruppe oder ein Land) projiziert
hast, zu bannen. Wenn du versuchst, einen Aspekt deines eigenen projizierten Schattens unter Kontrolle zu
bekommen, zu verändern oder zu bestrafen, wird dein
Ritual auf lange Sicht nicht sehr wirkungsvoll sein, auch
wenn du dich kurz nach dem Ritual wirklich gut fühlst.
Wenn du z.B. ein Ritual abhalten möchtest, bei dem
du die Direktoren der chemischen Industrie mit weißem Licht umgeben willst, damit sie sich der Umweltverschmutzung bewußt werden und damit aufhören,

könnte es sein, daß du damit versuchst, dich deiner eigenen Verantwortung zu entziehen und daß du in Wirklichkeit mit einer deiner eigenen Schattenprojektionen konfrontiert wirst. Wenn du der Industrie den schwarzen Peter zuschiebst und sie als einzigen Umweltsünder darstellst, übernimmst du keine Verantwortung für die Tatsache, daß du selbst immer noch Erdölprodukte (Benzin, Plastik etc.) kaufst und verwendest. Bei einem solchen Ritual vergißt du leicht, daß du selbst möglichst bequem leben möchstest und dir liebend gerne die Produkte zunutze machst, die die »böse« Chemieindustrie für dich herstellt. Ich möchte damit nicht sagen, daß es falsch wäre, gegen Menschen einzuschreiten, die gedankenlos Umweltschäden in großem Umfang verursachen. Ganz im Gegenteil! Wichtig ist jedoch, daß du genau untersuchst, in welchem Maße du dein eigenes Schattenmaterial in jedes Ritual, das du abhältst, hineinprojizierst. Wenn du diese innere Prüfung abgeschlossen und Verantwortung für deinen Anteil daran übernommen hast, kannst du das Ritual immer noch abhalten. Wahrscheinlich wird das Ritual dann jedoch eine andere Form annehmen, als ursprünglich geplant.

Kapitel 5

Rituale und Übungen

Im fünften Teil werden Schritt für Schritt eine Reihe von Ritualen beschrieben, damit du sie anschließend selbst nachmachen kannst. Es werden sowohl Einzelrituale für dich selbst als auch Gruppenrituale für alle möglichen Arten von Gruppen aufgeführt.

Zuerst aber möchte ich zwei Übungen beschreiben, die nicht nur bei Ritualen benutzt werden können, sondern auch in vielen anderen Situationen.

Reinigungsvisualisierung

Über das Bedürfnis, sich gegen alle Arten von äußeren Energien zu schützen, ist schon viel gesprochen und geschrieben worden. Heutzutage gehen viele Leute an einem geschäftigen Samstagnachmittag erst in die Stadt, nachdem sie um sich herum einen Schutzschild visualisiert haben.

Immer wenn du den Wunsch verspürst, dich gegen die Energie von anderen Menschen zu schützen, ist es am besten, eine Reinigungsvisualisierung durchzuführen, bevor du einen Schutzschild um dich herum errichtest. Errichtest du nämlich das Schutzschild um dich herum als Reaktion auf negative Energie, die in deinen Bereich eingedrungen ist, so besteht die Möglichkeit, daß du dabei diese andere Energie in dein eigenes System einschließt. Der visualisierte Schutzschild hält nicht nur Energie draußen, sondern hält auch jede Energie, die möglicherweise in deinen Bereich eingedrungen ist, drinnen. Mit der folgenden Visualisierung kannst du dieses Problem auf einfache und wirksame Weise verhindern. Auch wenn man Rituale leitet, ist dies eine gute Technik. Wenn du eine Weile übst, wirst du merken, daß du diese Übung in ein paar Sekunden machen kannst, und was du gerade machst, gar nicht unterbrechen mußt.

Stell dir einen winzigen Lichtpunkt in deinem Zentrum vor (irgendwo in deinem Bauch). Das Licht hat die Macht, alles draußen zu halten, was du nicht hereinlassen willst.

Laß nun das Licht langsam wachsen, bis es so groß wie ein Ball ist. In diesem Licht ist alles rein. Laß nun den Lichtball weiter aus seinem Zentrum heraus wachsen. Stell dir vor, daß in der Kugel keinerlei Platz für die Energie anderer Menschen ist. Jede fremde Energie wird hinausgedrängt.

Die Kugel wächst weiter, bis sie die Größe eines Rieseneis erreicht hat, in das dein ganzer Körper hineinpaßt. Das Ei ist eine Lichthülle, und jede negative Energie bleibt draußen. Nichts davon wird hereingelassen.

Wenn du daran gewöhnt bist, mit dem Begriff Aura zu arbeiten, kannst du dir vorstellen, daß sich die Lichthülle bis an den äußeren Rand deiner Aura ausdehnt und diese verstärkt.

Wenn du möchtest, kannst du dann das Äußere deiner Lichthülle mit dem reinigenden Rauch von Salbei oder durch Visualisierung reinigen. Wenn du nicht mehr das Gefühl hast, dich schützen zu müssen, kannst du die »Lichthülle« sich langsam auflösen lassen. Ich lasse meine im allgemeinen solange bestehen, bis sie sich langsam von selbst aufzulösen beginnt, wenn ich nichts unternehme, um sie weiter aufrechtzuerhalten.

Visualisierung der »liegenden Acht«

Es gibt manchmal Momente, in denen du das Gefühl hast, es einfach nicht mehr alleine zu schaffen,
wirklich Hilfe von außen zu brauchen. Manchmal hast
du Zeit, jemanden um Hilfe zu bitten, aber manchmal
brauchst du auch sofort Hilfe. Es kann vorkommen, daß
mitten in einem Ritual irgend etwas passiert, wofür du
Hilfe brauchst. In manchen Situationen kannst du dann
nicht einfach zum Telefon gehen und irgend jemand
anrufen.

Die folgende Technik ist unter den genannten Um-
ständen sehr hilfreich. Wenn du genug übst, kannst du
diese Technik im Handumdrehen anwenden.

Stell dir eine liegende Acht, auch Lemniskate genannt, vor, die durch einen Lichtstrahl gebildet
wird. Stell dir vor, du säßest in einer der Schleifen
der liegenden Acht, und visualisiere gleichzeitig eine
Quelle der Unterstützung und der Stärke in der anderen Schleife. Das kann ein Stein, ein Berg, ein Tier
oder ein Mensch sein. Suche dir einfach etwas aus,
von dem du weißt, daß es dich beschützen wird. Für
den einen kann das Jesus sein, für den anderen ein
Blitz oder eine Birke.

Spüre, wie du über die liegende Acht mit der
schützenden Kraft verbunden bist, nichts kann in das
Licht der liegenden Acht eindringen. Auch wenn du
in der materiellen Wirklichkeit vielleicht gerade mit
etwas anderem beschäftigt bist, verbindet dich dieser
Lichtstrahl mit einer schützenden und nährenden
Kraft.

Einzelrituale

Informationsritual
Dauer: Unterschiedlich, zwischen 15 Minuten und einer Stunde.

Zweck: Hier haben wir es mit einem Ritual zu tun, das uns hilft, Probleme zu lösen; der Zweck besteht darin, eine Antwort auf eine Frage zu erhalten. Ziel ist es, Informationen zu bekommen, die dich in die Lage versetzen, dein Problem zu lösen oder dir helfen, den ersten Schritt in die richtige Richtung zu tun.

Material: Papier und Stift zum Aufschreiben deiner Frage und der Botschaft, die du auf die Frage erhältst. Eine Rassel oder Trommel.

Vorbereitung: Nimm dir Zeit, um deine Frage richtig zu formulieren. Je konkreter die Frage gestellt ist, desto konkreter wird auch die Antwort sein. Die Geister geben nie Antworten, bei denen deine eigene Verantwortung nicht mit einbezogen wird, dessen solltest du dir beim Vorbereiten deiner Frage stets bewußt sein. Sie werden dir im allgemeinen nie einfach sagen »Ja, nimm den Job«, sondern dir immer Informationen zukommen lassen oder Übungen aufzeigen, die dir helfen, leichter eine eigene Entscheidung zu treffen. Formuliere deine Frage so, daß ihnen dadurch praktische Informationen entlockt werden, wie etwa »Welche Schritte kann oder muß ich machen, um ... zu erreichen?«.

Wenn du dieses Ritual für jemand anderen abhältst, laß die Person selbst ihre Frage formulieren. Dadurch läßt du sie in hohem Maße selbst bestimmen, was für eine Antwort sie bekommen wird.

Das Ritual: Du hast die Frage formuliert, und du willst Information dazu erhalten. Du fängst an, dich auf die

anderen Wirklichkeiten einzustimmen. Schüttle deine
Rassel oder schlage deine Trommel, und nenne dabei
deinen Namen, das Datum und den Ort, an dem du
dich gerade befindest. Bitte deine Geistführer und die
Richtungen um Hilfe. Erkläre, warum du die Information brauchst und was du mit der erhaltenen Information erreichen willst.

Stell dich den verschiedenen Richtungen vor, indem
du dich zuerst gen Osten wendest. Frage den Osten, ob
er irgendeine Botschaft für dich hat, die dir deine Frage
beantworten helfen kann. Die Botschaft kann sich dir
in Form von Bildern, Gedanken, Geräuschen, körperlichen Empfindungen oder anderem offenbaren. Wenn
du gewöhnt bist, mit den anderen Wirklichkeiten zu arbeiten, weißt du, über welche Kanäle dir normalerweise
Botschaften offenbart werden. Hast du die Information
erhalten, notiere einige Schlüsselwörter dazu. Wiederhole den Vorgang anschließend mit dem Süden, Westen,
Norden, der oberen, unteren und mittleren Welt.

Wenn du damit fertig bist, danke allen sieben Richtungen für die erhaltene Information. Schaue dir jetzt
deine Notizen an, und setze alle Teile wie bei einem
Puzzle zusammen. Normalerweise laufen die Botschaften der verschiedenen Richtungen alle auf ein- und dasselbe hinaus und stellen nur verschiedene Aspekte eines
klaren Bildes dar.

Die Deutung der erhaltenen Information ist eine
Kunst für sich, und manchen Leuten fällt sie leichter als
anderen. Meist wird uns die Botschaft, wie in den Träumen, als Symbole offenbart. Je mehr du dich mit Ritualarbeit beschäftigst, desto besser wirst du mit der Zeit im
Deuten werden. Manchmal ist es gut, die Botschaft mit
einer anderen Person zu diskutieren. Besonders am Anfang empfiehlt es sich, nicht alles ganz genau erklären
zu wollen. Gehe mit der Information wie mit einem
Traum um – manche Aspekte sind völlig klar, andere
wiederum nicht. Und genau wie bei einem Traum wird

dir die Bedeutung manchmal erst ein paar Tage oder gar Wochen oder Monate später aufgehen.

Verwende dieses Ritual nur einmal pro Frage und nur einmal etwa alle drei Monate zum selben Thema. Zuviel Information bringt im allgemeinen nicht mehr Klarheit, sondern trägt eher dazu bei, Verwirrung zu stiften.

Ursprünge: Seit einigen Jahren halte ich zusammen mit Chohan Neale Schamanensitzungen ab. Am Anfang arbeiteten die Teilnehmer zuerst eine Stunde mit Chohan und dann mit mir. Chohan begann seinen Teil der Sitzung immer mit dem Anrufen der Richtungen. Ich begleitete ihn dabei häufig zur Unterstützung mit einer Rassel. Dann fing ich an, ab und zu beim Rasseln während dieses ersten Teils der Sitzung Bilder zu sehen. Immer öfter schienen mir diese Bilder wichtige Informationen zu beinhalten, die für den Verlauf der Sitzung von Nutzen waren. Mit der Zeit wurden diese Bilder immer detaillierter. Das Anrufen der Richtungen wurde zu einem wichtigen Bestandteil der Sitzungen, bis es sich schließlich zu einer völlig unabhängigen Arbeitsform herausbildete. Die Botschaften, die ich jetzt dabei vermittelt bekomme, bestehen aus Hintergrundinformation, die mir Einblicke in das Problem des Menschen gibt, den ich vor mir habe. Manchmal werden mir ausführliche Anleitungen für eine Übung oder ein Ritual gegeben, das dem Patienten bei seiner Problemlösung helfen kann. Manchmal werden mir sogar Zukunftsvoraussagen übermittelt. Auch wenn die Fragen haargenau gleich formuliert waren, ist es noch nie vorgekommen, daß zwei Menschen genau dieselbe Information bekommen hätten. Mit dieser Methode erhält man Informationen, die genau auf den jeweiligen Menschen und sein gegenwärtiges Problem zugeschnitten sind.

Zurückrufen der Seele
Dauer: Dieses Ritual wird mehrere Tage oder Wochen
lang täglich durchgeführt. Jedes Mal, wenn das Ritual
abgehalten wird, dauert es zwischen zehn Minuten und
einer halben Stunde.

Zweck: Der Zweck dieses Rituals besteht darin, verlorengegangene Seelenteile zurückzurufen. In fast allen
traditionellen Kulturen wird die Seele als lebensspen-
dende Essenz des Menschen angesehen. Außerdem
wird die Seele immer als etwas betrachtet, das unabhängig vom Körper existiert. In schamanischen Kulturen
heißt es, Teile der Seele könnten den Körper bei traumatischen Erlebnissen verlassen. Es kommt oft vor, daß
diese Seelenteile nicht von alleine wieder in den Körper
zurückkehren, sondern stattdessen in den nichtalltäglichen Wirklichkeiten bleiben. Im allgemeinen wird ein
Schamane dann diese Seelenteile wieder in den Körper
zurückbringen, aber du kannst dieses Ritual benutzen,
um selbst einige verlorengegangene Teile deiner Seele
wieder zurückzuholen. Da bei diesem Ritual manchmal
starke Gefühle hochkommen, ist es besonders empfehlenswert, es mit irgendeiner Form von Therapie zu
kombinieren. Auf diese Art und Weise können alle dabei möglicherweise auftretenden, beunruhigenden Erfahrungen und Erlebnisse mit dem Therapeuten ver-
arbeitet werden.

Material: Eine Kerze, die du jedesmal brauchst, wenn du
mit dem Ritual arbeitest, und vielleicht einen Schreib-
block oder ein Heft zum Aufschreiben, was du dabei erlebst, damit du keine Information, die dir gegeben wird,
vergißt. Möglicherweise auch ein Foto aus deiner Kindheit, damit es dir leichter fällt, dich als Kind vorzustellen.

Vorbereitung: Lege eine Liste der verschiedenen Phasen
in deinem Leben an, in denen du länger anhaltende

Schwierigkeiten hattest oder außergewöhnliche Schocks erlitten hast. Dazu gehören auch alle eventuellen Unfälle oder Traumata. Erstelle eine chronologisch geordnete Liste von deiner Kindheit bis zur Gegenwart. Die Liste dient als Grundlage für die Rituale. Du kannst der chronologischen Ordnung der Liste folgen oder aber mit den am wenigsten intensiven Erlebnissen anfangen und dich zu dem Erlebnis vorarbeiten, das dich gefühlsmäßig am meisten belastet.

Das Ritual: Zünde eine Kerze an, und lasse dir Zeit, dich ganz auf dich selbst zu besinnen. Verwende bei diesem Ritual keine Musik, denn sie lenkt dich nur ab.

Stell dir dich beim ersten Ereignis auf deiner Liste vor. Versuche, dich an soviele Einzelheiten wie möglich zu erinnern. Handelt es sich um ein Kindheitserlebnis, so nimm ein Foto aus deiner Kindheit zur Hand, das dir dabei hilft. Rede mit dem Bild, entweder in Gedanken oder laut, als existiere es tatsächlich außerhalb deines physischen Körpers. Sage diesem Seelenteil, daß du dir wirklich wünschst, er möge zu dir zurückkommen, dein Leben habe sich jetzt verändert und du seist jetzt in der Lage, dich um diesen Seelenteil zu kümmern und ihn zu beschützen. Überprüfe jetzt, ob sich das visualisierte Bild verändert hat. Scheint das Bild sich mit Leben erfüllt zu haben? Achte auf alle Veränderungen. Versuche herauszufinden, wo sich dieser Teil von dir befindet. Ist er innerhalb oder außerhalb deines Körpers? Und falls außerhalb, wo genau in bezug auf deinen Körper?

Bitte den Seelenteil, wieder an deinem Leben teilzunehmen. Frage ihn, was du tun kannst, damit er wieder zu dir zurückkehrt. Was benötigt der verlorene Teil deiner Seele, damit er sich wohl und sicher fühlt? Frage auch (oder versuche abzuschätzen), was der Teil von dir braucht, um geheilt zu werden. Achte genau auf die Antwort und auf die Form, in der sie gegeben wird. Nimm die Antwort ernst, und versuche, alles zu erfüllen, was von dir verlangt wird. Braucht dieser Seelenteil Wärme, so mach ihm eine Wärmflasche, und halte sie mit deinen Armen ganz dicht an deinen Körper gepreßt. Will dieser Teil von dir seine Geschichte erzählen, dann höre aufmerksam zu, oder bitte ihn, er möge dir die Geschichte in Symbolen erzählen oder sie über dich aufschreiben. Strenge dich auf jeden Fall so gut wie möglich an, auf die eine oder andere Art etwas mit der Antwort anzufangen. Laß nötigenfalls deiner Kreativität freien Lauf. Will dein Seelenteil einen Hund, aber du willst keinen kaufen, dann geh einfach in einen Kinderfilm, in dem ein Hund die Hauptrolle spielt. Stell dir dann vor, dein verlorener Seelenteil säße während des Films auf deinem Schoß und ihr würdet so gemeinsam den Film genießen.

Nimm dir für jeden verlorenen Teil deiner Seele mindestens eine Woche Zeit. Mach das Ritual jeden Tag, solange du willst. Stell dir dann nach Ablauf dieser Zeit (oder wenn du willst auch schon früher) vor, dein Seelenteil stünde vor dir. Streck deine Arme nach ihm aus, und drücke in ganz fest an dein Herz. Schaffe in deinem Herzen Platz für ihn, damit er wieder einen Ort hat, an den er in deinem Körper zurückkehren kann. Stell dir vor, wie er sich in deine Energie integriert.

Wiederhole dann dasselbe mit einem anderen Seelenteil. Nimm dir das nächste Ereignis auf deiner Liste vor, die du dir zuvor angelegt hast.

Jedesmal, wenn du dieses Ritual vollziehst, kannst du zwischen zwei oder gar drei Seelenteilen abwechseln. Manche Seelenteile sind bereits nach drei Tagen integriert, bei anderen dauert es mehrere Wochen. Auch wenn du zuerst auf wenig Resonanz stößt oder dein Seelenteil defensiv reagiert, teile ihm mindestens eine Woche lang jeden Tag mit, daß du ihn wirklich zurückhaben möchtest. Versuche ihm das Gefühl zu vermitteln, daß er wirklich willkommen ist. Jedesmal wenn du den Vorgang mit einem Seelenteil abgeschlossen hast,

kannst du mit einem neuen beginnen. Mache solange
weiter, bis du alle Punkte auf deiner Liste durch hast.

Ursprünge: Dieses Ritual hat sich aus den Hausaufgaben
entwickelt, die ich Leuten aufgebe, wenn ich mit ihnen
eine Seelenrückführung gemacht habe. Die Rückfüh-
rung der Seele ist eine schamanische Technik, bei der
der Schamane eine Reise in die anderen Wirklichkeiten
unternimmt und sich auf die Suche nach den verloren-
gegangenen Seelenteilen begibt, um sie dann in den
Körper des Menschen zurückzuholen, der sie verloren
hat. Nach einer Seelenrückführung können bei den
Menschen starke Reaktionen auftreten, da der verlorene Seelenteil den Körper nicht ohne Grund verlassen
hat. Er ging verloren, weil er die Situation, in der er
war, nicht länger ertragen konnte. Wenn die Seelenteile
zurückgeholt werden, können damit auch viele Gefühle
zurückkommen. Durch regelmäßiges Praktizieren dieses Rituals, können viele Seelenteile dazu gebracht werden, ohne die Hilfe eines Schamanen von alleine zu-
rückzukehren, solange du mit dem Trauma arbeitest,
das den Seelenverlust ursprünglich ausgelöst hat.

Segnungsritual
Dauer: Das erste Mal dauert dieses Ritual etwa eine
Stunde, danach sollten dafür jeden Tag zu einer Zeit,
die dir gut paßt, ein paar Minuten vorgesehen werden.

Zweck: Dieses Ritual ist hilfreich, wenn es darum geht,
ein neues Projekt, egal ob groß oder klein, in Angriff zu
nehmen. Das könnte der Kauf eines Hauses oder Autos
sein, die Gründung einer Sportschule oder die Entwicklung einer Strategie, um eine bessere Arbeit zu finden.
Das Ritual spielt sich auf verschiedenen Ebenen ab. Als
allererstes mußt du klar formulieren, was du genau erreichen willst. Das erhöht deine Erfolgschance, da du
direkter handeln kannst, wenn dein Ziel ganz klar ist.

Danach stellst du eine Verbindung zu dem Kosmos her und mobilisierst Hilfe von außerhalb deiner selbst.

Material: Ein Altar (das kann einer sein, den du bereits benutzt), Papier, Stift und ein Umschlag.

Vorbereitung: Keine, außer dem Zusammensuchen deines Materials.

Das Ritual: Nimm Papier und Stift zur Hand, und schreibe einen Brief an deine Ahnen, Geisthelfer, Geistführer, Krafttiere und die Erde. Beschreibe in deinem Brief das Projekt, das du in Angriff nehmen willst, in allen Einzelheiten. Was möchtest du machen? Wie soll es aussehen? Gehe auch ausführlich auf deine Motivation ein, d. h., weshalb das Projekt so wichtig für dich ist. Überlege dir, wie dieses Projekt anderen nützen kann und wie die Welt durch den Erfolg dieses Projekts bereichert werden könnte. Sei ganz ehrlich, und versuche zu vermeiden, mit verdeckten Karten zu spielen. Ein Beispiel: Du möchtest ein spirituelles Zentrum für Meditation eröffnen und damit Geld verdienen. Laß den finanziellen Teil nicht aus. Sag ganz klar, was du dir davon erwartest. Beende deinen Brief mit einem Abschnitt, in dem du erklärst, daß du selbst dieses Projekt ausgesucht hast, dir aber möglicherweise nicht aller Faktoren bewußt bist, die Einfluß auf dein Leben und dein Projekt haben werden. Schreibe in deinem Brief außerdem, daß du alles in deiner Macht Stehende tun wirst, um deinen Plan zu einem erfolgreichen Abschluß zu bringen, aber daß du es auch akzeptieren wirst, wenn deine Geistführer anderes mit dir vorhaben.

Ist der Brief fertig, trete vor deinen Altar. Begrüße zuerst alle Mächte, von denen du Hilfe und Unterstützung erbittest, und lies dann den Brief laut vor. Anschließend steckst du den Brief in einen Umschlag, klebst ihn zu und legst ihn auf den Altar.

Laß den Brief dann ein paar Wochen auf deinem Altar liegen. Meditiere jeden Tag ein paar Minuten davor, und konzentriere dich auf den letzten Abschnitt, in dem du geschrieben hast, daß du alles in deiner Macht Stehende tun wirst, um dein Projekt zu einem erfolgreichen Abschluß zu bringen, daß du aber auch akzeptieren wirst, wenn die Geistführer andere Pläne für dich haben. Bitte um Information, die dich auf die nächsten Schritte hinführen kann, die zu unternehmen sind.

Beende deine Meditation, indem du genau über dem Brief tief ausatmest. Dadurch hauchst du dem Projekt und damit auch den Mächten, die du um Hilfe gebeten hast, buchstäblich Leben ein.

Ursprünge: Zu diesem Ritual wurde ich durch die Arbeit von Lousiah Teish inspiriert, einer afro-amerikanischen Priesterin der afrikanischen Yoruba-Tradition. Sie rät, man solle seine Ahnen stets über alle neuen Projekte, die man in Angriff nimmt, auf dem laufenden halten. Sie hat dafür sogar ein kleines Standardformular entworfen! Ich wandle dieses Ritual regelmäßig ab. Das Ausatmen über dem Brief hat etwas ganz Besonderes an sich. Dieser Moment schafft eine Art Intimität, die sich schwer beschreiben läßt.

Schutzritual

Dauer: Das Ritual selbst dauert etwas weniger als eine halbe Stunde, allerdings braucht man einige Zeit für die Vorbereitung, bis man alles nötige Material für das Ritual beisammen hat. Anschließend sollte man mindestens noch eine Stunde an dem Ort verweilen, an dem das Ritual abgehalten wurde.

Zweck: Du kannst dieses Ritual verwenden, um dich zu schützen, wenn du dich psychisch oder energetisch angegriffen fühlst. Es ist ein »Erste-Hilfe«-Ritual, das relativ einfach ist. Wenn du das Gefühl hast, daß du regelmäßig angegriffen wirst, würde ich allerdings nicht nur auf dieses Ritual zurückgreifen, sondern zusätzlich Hilfe von außen bei einem Fachmann auf diesem Gebiet suchen. Entschließt du dich, dieses Ritual abzuhalten, ist es ganz wichtig, daß du es auch zu Ende führst. Manchmal kann es vorkommen, daß du zu Beginn des Rituals etwas Angst bekommst. Das ist genau der Augenblick, in dem es wichtig ist, weiterzumachen.

Material: Vier weiße Kerzen. Ein Spiegel vernünftiger Größe oder mehrere Spiegel. Dein Lieblingsbuch, ein guter Videofilm oder irgend etwas Ähnliches, das deine Aufmerksamkeit eine Weile zu fesseln vermag. Salbei oder Räucherwerk.

Vorbereitung: Keine, außer dem Zusammentragen des Materials.

Das Ritual: Suche dir einen Raum, in dem du etwa eine Stunde lang ungestört sein kannst. Stelle dir zuerst einen Kreis aus weißem Licht vor, der den Raum, in dem du dich befindest, genau umschließt. Führe zuerst die weiter oben beschriebene Reinigungsvisualisierung durch, und dehne dabei die Ränder des Lichtballs über dein eigenes Energiefeld hinaus aus, bis sie sich mit dem eben geschaffenen Lichtkreis decken. Konzentriere dich, so gut du kannst (wenn du dich in diesem Augenblick gerade angegriffen fühlst, kann das ein bißchen schwierig sein), und rufe die Kräfte an, von denen du weißt, daß sie dich beschützen können. Drücke deine Bitte um Hilfe, Stärke, Schutz und Ruhe klar aus.

Stelle an den Punkten auf dem Lichtkreis, die die vier Himmelsrichtungen symbolisieren, Kerzen auf. Bald wirst du merken, daß eine der vier Kerzen nach einer gewissen Zeit deine Aufmerksamkeit stärker auf sich zieht als die anderen. Vielleicht flackert eine Kerze, tropft oder will einfach nicht richtig brennen. Die Kerze, die anders brennt als die anderen, gibt die Richtung an, aus der der Angriff kommt.

Plaziere nun hinter diese Kerze mit der reflektierenden Seite nach außen den Spiegel. Stelle dir nun vor, alle negative Energie, die auf dich gerichtet ist, könne nicht mehr in den Kreis eindringen. Stelle dir vor, die negative Energie, die auf dich gerichtet ist, werde bewußt oder unbewußt zu ihrer Ausgangsquelle zurückgeworfen. Sieh nun wie der Angreifer seine eigene Energie mit derselben Wucht und negativen Kraft zurückbekommt. Diese Energie kann nicht mehr in deinen Kreis eindringen. Sobald du dich bereit fühlst, stelle dich mit dem Rücken zum Spiegel im Kreis auf, und gehe einmal im Uhrzeigersinn im Kreis herum. Brenne dabei Salbei oder reinigendes Räucherwerk ab. Kehre dann zu deinem Platz in der Mitte des Kreises zurück.

Nehme anschließend Verbindung zu der Kraft auf, die dich deines Wissen nach am besten schützt. Das kann ein Baum oder ein Berg sein, ein Schutzengel, ein Guru, eine Person oder ein Tier. Stell dir diese Quelle des Schutzes so deutlich wie möglich vor. Bitte sie um Hilfe und um Erlaubnis, dich unter ihren Schutz begeben zu dürfen. Visualiere dann, wie weiter oben beschrieben, die liegende Acht.

Bleibe nach Abschluß des Rituals noch eine Weile in dem Raum, und beschäftige dich mit etwas, das dich von dem Ritual ablenkt. Lies dein Lieblingsbuch, ruf einen Freund an, oder sieh dir einen guten Film an. Halte ab und zu einen Augenblick inne, und stelle dir wieder den Lichtkreis und die schützende Kraft vor, der du dich bei der Visualisierung der liegenden Acht bedient hast.

Ursprünge: Ich hielt mich in einem Zentrum in Frankreich auf. Eine der Bewohnerinnen, eine Engländerin, hatte viele Jahre lang als Beraterin für sexuell mißbrauchte Kinder gearbeitet. Am Ende dieser Zeit hatte sie mit einer satanischen Kirche zu tun gehabt, deren Mitglieder ihre eigenen Kinder rituell mißbrauchten. Ihre Versuche, diese Kinder bei anderen Familien unterzubringen, waren nicht sehr geschätzt worden. Eines Nachts weckte sie mich mitten in der Nacht durch heftiges Klopfen an meine Tür auf. Halb verschlafen fragte ich sie, was los sei. Mit einem typisch britischen Understatement begann sie, mir ihre Geschichte zu erzählen: »Daan, ich wollte mal fragen, ob du mir vielleicht helfen könntest. Ich fühle mich etwas seltsam.« (Später hörte ich von einem Freund, daß sie in dieser Nacht völlig fertig gewesen war. Wir mußten alle darüber lachen, wie sie das ausgedrückt hatte.) Aus ihrer Geschichte ging hervor, daß sie von Mitgliedern der satanischen Kirche angegriffen wurde. Eigentlich war ich noch im Halbschlaf, aber dann hörte ich zu meinem Erstaunen, wie ich ihr dieses Ritual Schritt für Schritt erklärte. Es war das erste Mal, daß ich selbst etwas davon hörte. Es hat sich als sehr kraftvolles und wirksames Ritual herausgestellt.

Wiederaufladen mit Energie
Dauer: Dieses Ritual kann Teil deiner täglichen Routine werden. Es dauert zwischen fünf und 15 Minuten. Am Anfang kann es ein bißchen länger dauern, bis du dich an die Technik gewöhnt hast.

Zweck: Mit diesem Ritual kannst du deine verlorene Energie zurückholen. Im Laufe des Tages kann ein Mensch seine Energie auf vielerlei Art und Weise verlieren. Ein großer Teil dieser Energie kann wieder in dein System integriert werden. Dieses Ritual läßt sich leicht mit anderen spirituellen Übungen, die du täglich machst, kombinieren. Wenn du dieses Ritual regelmäßig praktizierst, wirst du merken, daß du dich stärker fühlst und es leichter für dich wird, im Kontakt mit anderen Menschen zentriert zu bleiben.

Material: Keines.

Vorbereitung: Lasse, wenn nötig, in deinen Gedanken die Ereignisse des Tages Revue passieren, bevor du mit dem Ritual beginnst.

Das Ritual: Suche dir einen bequemen Platz, und setze dich gemütlich hin. Wiederhole den folgenden Text in deinen eigenen Worten, bevor du anfängst: »Was ich verloren habe, möge wieder zurückkommen. Ich rufe alle Energie zurück, die ich heute verloren habe. Diese Energie gehört meinem System an, und ich lade sie herzlich ein, wieder zurückzukommen.«

Stell dir vor, deine Energie habe eine ganz besondere Farbe, Schwingung, einen besonderen Klang oder Duft, an dem du sie sofort erkennen kannst. Laß nun den vergangenen Tag in Gedanken Revue passieren. Denk an all die verschiedenen Erlebnisse, die du gehabt hast. Führe dir nun eine Situation nach der anderen vor Augen und prüfe, ob du dabei Energie verloren hast. Du kannst das bei der Visualisierung feststellen, indem du darauf achtest, ob du irgendwelche frei fließenden Energieteilchen siehst, die du als deine eigenen erkennst. Mit Hilfe deines Atems kannst du dann die Energie ins Hier und Jetzt zurückrufen. Bring die Energie mit jedem Einatmen in deinen Körper zurück. Stelle dir nun vor, daß die wiedergewonnene Energie mit der bereits in deinem Körper vorhandenen Energie verschmilzt. Wenn es dir schwerfällt, nur mit dem Atmen zu arbeiten, kannst du deine Hände zu Hilfe nehmen, um die Energie einzufangen und sie in deinen Bauch zurückzubefördern. Vergiß nicht, diese Energie mit der bereits im Körper vorhandenen Energie verschmelzen zu lassen.

Du wirst wahrscheinlich überrascht sein, wieviel Energie du am Tag verlierst und wie gut du dich fühlst, nachdem du sie wieder zurückgeholt hast. Die Men-

schen laufen tatsächlich aus wie Eimer mit kleinen
Löchern im Boden. Beende die Visualisierung, indem
du deine Grenzen errichtest. Wiederhole noch einmal
den Satz, den du bereits zu Beginn der Übung gesagt
hast. Drücke es in deinen Worten aus. Füge noch die
Affirmation hinzu, daß du in Zukunft immer besser
darin werden wirst, deine verlorene Energie zurückzurufen.

Ursprünge: Vor Jahren spazierte ich einmal über eine
kleine Brücke. Hinter mir war ein Auto, das ganz langsam fuhr und vorbei wollte. Ich hatte das Auto nicht be-
merkt, und der Fahrer hupte ein paarmal, um meine
Aufmerksamkeit zu erregen. Es war ein großes Auto
mit einer lauten Hupe. Ich schreckte total zusammen.
Ungewöhnlich dabei war, daß ich beobachten konnte,
was energetisch dabei passierte. Ein Wolke von etwas,
das wie Seifenblasen aussah, entwich meinem Körper,
und plötzlich fühlte ich mich ganz schwach, so schwach,
daß meine Knie buchstäblich zu schlottern begannen.
Gleich darauf fühlte ich mich wütend und verwirrt. Mit
einiger Schwierigkeit gelang es mir, mich wieder in den
Griff zu bekommen und wieder klar zu denken. Meine
Grenzen waren wieder in Ordnung, und meinem Körper entwichen keine Energieteilchen mehr. Der ganze
Zwischenfall dauerte wahrscheinlich nur zwei bis drei
Sekunden, aber mir kam es vor, als sähe ich alles in
Zeitlupe. Außerdem überfiel mich in diesen paar Sekunden plötzlich eine große Müdigkeit. Und diese Müdigkeit wollte nicht mehr weichen. Das war seltsam,
da ich mich noch kurz zuvor ganz wohl gefühlt hatte.
Offensichtlich war es das Ergebnis eines Energiever-
lusts.
    Als ich später über das, was ich gespürt und beobach-
tet hatte, nachdachte, stellte ich fest, daß Ereignisse, bei
denen man sehr erschrickt, häufig einen Energieverlust
auslösen können, da der energetische Schutzschild einen

Moment lang ganz schwach wird. Seit damals habe ich
mir angewöhnt, immer wenn ich aus irgendeinem
Grunde erschrecke oder schockiert bin, die verlorengegangene Energie wieder einzuatmen. Später stellte ich
fest, daß ich auch, wenn ich gefühlsmäßig durcheinan-
der war, einen Haufen Energie verlor. Über die Jahre
ging mir langsam immer mehr auf, daß wir praktisch
dauernd Energie verlieren, auch in Momenten, wenn
nichts zu passieren scheint. Eine Stunde auf dem Sofa
vor dem Fernseher sitzen, kostet mehr Energie als du
dir vorstellen kannst. Deine Energie sickert aus dir heraus, bis du ganz leer bist und fast keine Energie mehr
hast, um dich zu bewegen.

Viel Zeit ist vergangen, und ich brauche nun nicht
mehr das ganze Ritual zu vollziehen, um die verlorene
Energie zurückzubekommen. Ich habe mir angewöhnt,
mehrmals täglich während ich mit anderen Dingen beschäftigt bin, die Atemübung zu machen. Von einem
Ritual hat es sich mehr zu einer Übung entwickelt.
Wenn du dieses Ritual regelmäßig praktizierst, wirst du
merken, daß es ab einem bestimmten Zeitpunkt nicht
mehr nötig ist. Diese Technik wird zu einem Teil von
dir geworden sein. Und du kannst sie dann jederzeit anwenden.

Sich mit einer Heilpflanze anfreunden
Dauer: Etwa ein Jahr (oder länger) mit regelmäßigen kurzen Zeremonien.

Zweck: Mit einem langfristigen Projekt wie diesem kannst
du einen intensiven Kontakt mit einer Heilpflanze aufbauen. Wenn deine Arbeit mit Heilen zu tun hat, wirst
du merken, daß du mit diesem Ritual einen starken Verbündeten gewinnst. Du wirst überrascht sein, wie viele
Probleme und Krankheiten sich mit ein paar Pflanzenarten heilen lassen, wenn diese dir erst einmal ihre Ge-
heimnisse enthüllt haben.

Material: Eine junges, lebendiges Exemplar der Pflanzenart, mit der du arbeiten möchtest. Ein Garten oder eine Terrasse, wo diese Pflanze leben und wachsen kann.

Vorbereitung: Suche dir eine Pflanze aus, die du zu deinem Verbündeten machen willst, und informiere dich genau, was diese Pflanze zum Wachsen braucht. Braucht sie saure oder basische Erde? Liebt die Pflanze Sonne oder Schatten, braucht sie viel Wasser oder wenig? Hast du genügend Information gesammelt, mußt du einen Samen, Ableger oder ein Exemplar der Pflanze finden, mit der du arbeiten willst.

Das Ritual: Du kannst das Ritual auf viele verschiedene Arten praktizieren. Du mußt dazu einfach ein Exemplar der Pflanze, die du ausgewählt hast, in deinen Schutz nehmen.

Pflanze das Exemplar an einen Ort, den du häufig aufsuchst, am besten in deinen Garten oder auf deine Terrasse. Erkläre der Pflanze am Anfang ganz oft, daß du dich gut um sie kümmern wirst. Mache ihr klar, daß du niemals etwas von ihr verwenden wirst. Und das heißt wirklich keinen einzigen Teil von ihr. Du machst dies deshalb, weil viele dieser Pflanzenarten ständig vom Menschen benutzt werden. Jetzt ist es an dir, die Verantwortung für den Schutz dieser Pflanze vor jeglicher Nutzung zu übernehmen. Diese Pflanze muß ohne Störung wachsen und leben dürfen, bis sie eines natürlichen Todes stirbt. Bis zu diesem Zeitpunkt wirst du sie gießen und dich um sie kümmern.

Die Verantwortung für diese eine Pflanze zu übernehmen, stellt ein Opfer für den Geist dieser Pflanzengattung als Ganzes dar. Du freundest dich mit dem Geist an, in der Hoffnung dadurch mit ihm in Zukunft zusammenarbeiten zu können. Erkläre das der Pflanze jedesmal, wenn du dich um sie kümmerst, mit lauter Stimme.

Gleichzeitig kannst du zum Beispiel bei Ritualen andere Pflanzen derselben Gattung benutzen. Erkläre der Pflanze, die unter deinem Schutz steht aber immer, was du gemacht hast und wie du versucht hast, mit dem Geist der Pflanze zu arbeiten. Du kannst immer fragen, ob du die Pflanze richtig benutzt hast und ob sie dir vielleicht irgendwelche Hinweise geben kann, wie du besser mit ihr arbeiten könntest. Wenn du einen Traum hast, in dem die Pflanze eine Rolle spielt, gehe am nächsten Tag, oder eben so schnell wie möglich, zu ihr hin, und danke ihr dafür.

Im Prinzip führst du eigentlich kein Ritual durch, sondern eine lange Reihe von kurzen Ritualen, die du so abhalten kannst, wie es dir am besten erscheint. Das Wichtigste dabei ist, eine Pflanze einer bestimmten Gattung zu schützen, nichts von ihr zu verwenden und regelmäßig in einer Weise mit ihr zu sprechen, die dir angenehm ist.

Ursprünge: Ich kann mich heute nicht mehr genau erinnern, wann und wie dieses Ritual entstanden ist. Ich erinnere mich nur, daß ich vor Jahren die Angewohnheit hatte, ab und zu mit dem Gemüse zu sprechen, das später in meinem Kochtopf landen sollte. Ich erklärte ihm immer, wie sehr ich es schätze, daß es sein Leben hingab, damit ich gesund bleiben und gute Dinge essen konnte. Irgendwann fing ich dann an, anderen Leuten, die die Heilkraft einer bestimmten Pflanze brauchten, zu raten, mit einem Exemplar dieser Pflanzengattung eine besondere Art von Kontakt zu pflegen. Ich riet ihnen immer, diese eine Pflanze in ihren Schutz zu nehmen als Dankeschön für die Heilung, die ihnen durch diese Pflanzengattung insgesamt zuteil wurde und werden sollte.

Ich selbst habe Jahre daran gearbeitet, mit einer bestimmten Pflanzenart eine Freundschaft aufzubauen. Ich mache dies auf unterschiedliche Art und Weise. Manchmal spreche ich mit den Pflanzen dieser Gattung, wenn ich ihnen irgendwo begegne. Oder aber ich spucke auf den Boden neben den Stiel, wenn ich eine solche Pflanze sehe. Damit gebe ich der Pflanze etwas von meiner eigenen Körperflüssigkeit, so wie die Pflanze mir schließlich ihre Heilkraft und ihr Leben gibt. Wenn ich sie bei Heilsitzungen verwende, singe ich der Pflanze etwas vor. Dadurch, daß ich ständig solche Dinge mache, wird die Pflanze zu einem immer wichtigeren Helfer bei den Einzel- und Gruppensitzungen. Manchmal mache ich nichts weiter, als die Pflanze in einer Sitzung zu verwenden, und zwei Tage später rufen mich Leute an, um mir mitzuteilen, daß ihrem Problem geholfen wurde. Allerdings scheint mein Pflanzenfreund einen eigenen Willen zu besitzen. Bei manchen Menschen kann ich ihn nicht verwenden. Er bestimmt, ob er zur Heilung eines bestimmten Menschen eingesetzt werden kann oder nicht.

Gruppenrituale

Steinkreisritual
Zahl der Teilnehmer: Mindestens fünf oder sechs.

Dauer: Der beste Zeitpunkt zur Durchführung dieses Rituals ist zu Beginn eines Gruppenseminars. Die Teilnehmer dekorieren gemeinsam die Mitte des Platzes oder Raums, den sich die Gruppe für ihre Sitzung ausgesucht hat. Dieses Ritual gibt den Leuten die Möglichkeit, etwas über sich zu erzählen, und ist eine gute Einführung in die Trancereisen und die Arbeit mit anderen Wirklichkeiten. Wenn du dieses Ritual für eine Gruppe anwenden willst, die mehrere Tage zusammenarbeitet, kannst du es auch jeweils zum Abschluß des Tagesprogramms hernehmen.

Material: Jeder Teilnehmer bringt einen Stein mit, der eine besondere Bedeutung für ihn hat.

Vorbereitung: Jeder muß einen Stein dabei haben. Für den Fall, daß jemand vergessen sollte, einen Stein mitzubringen, empfiehlt es sich für den Ritualleiter, ein paar zusätzliche Steine bereitzuhalten. Damit werden Probleme zu Beginn des Rituals vermieden.

Zweck des Rituals und Hinweise für den Leiter: Ein Teilnehmer nach dem anderen legt seinen Stein in die Mitte des Raums, so daß alle Steine einen Kreis bilden. Der Abstand zwischen den Steinen sollte etwa 5 Zentimeter betragen. Bitte dann einen Teilnehmer nach dem anderen, seinen Stein zu zeigen und zu erzählen, weshalb dieser Stein für ihn etwas Besonderes ist und wie er zu ihm gekommen ist.

Nachdem schließlich alle ihren Stein in den Kreis gelegt haben, kannst du anfangen zu erklären, daß es neben der sichtbaren Welt auch noch eine unsichtbare Wirklichkeit gibt. Der Steinkreis existiert nicht nur so, wie wir ihn sehen, sondern auch in der unsichtbaren Wirklichkeit. Wenn du mit deinen Erklärungen fertig bist, kannst du ein Gebet sprechen oder die Kräfte der Steine im Steinkreis anrufen und sie bitten, allen Teilnehmern, Heilung und Wissen zuteil werden zu lassen. Bitte um Einsicht, Schutz und Lösungen für die verschiedenen Probleme, mit denen die Gruppenmitglieder zu kämpfen haben. Wenn du damit fertig bist, danke dem Steinkreis für alles, was den einzelnen durch dieses Ritual geschenkt werden wird.

Bitte nun alle Teilnehmer, sich mit geschlossenen Augen auf den Boden zu legen. Du kannst sie nun durch die Meditation führen. Beginne die Meditation mit Anleitungen zur Entspannung des Körpers. Begleite sie anschließend auf eine kurze Reise.

»Du läufst jetzt durch einen Wald und weißt, daß du bald auf eine Lichtung kommen wirst, auf der sich der Steinkreis befindet. Du befindest dich auf dem

Weg zu dem Steinkreis. (Pause) Bist du bei der Lichtung im Wald angekommen, warte erst einmal ab,
und gehe nicht weiter. Bitte den Wald erst um Erlaubnis, auf die Lichtung hinaustreten zu dürfen. Laß
den Wald wissen, daß du mit friedlichen Absichten
gekommen bist. (Pause) Trete jetzt auf die Lichtung
hinaus, und gehe auf den Steinkreis zu.

Gehe einmal oder öfter um den Steinkreis herum,
und sehe dir jeden Stein genau an, bis du das Gefühl
bekommst, in den Steinkreis hineingehen zu wollen.
(Pause) Bitte zwei Steine, die nebeneinander liegen,
für dich ein Tor zu bilden, durch das du eintreten
kannst.

Begebe dich in den Kreis hinein, aber gehe nicht sofort auf den Mittelpunkt zu. Setz dich erst einmal am
Rand des Kreises hin. Versuche, die Energie des Steinkreises zu spüren. Stell dich dem Kreis vor. Nenne
ihm deinen Namen. Bitte den Steinkreis, dir zu helfen. Bleib eine Weile so sitzen, und warte, was passiert. (Pause)

In der Mitte des Kreises wird ein Gegenstand oder
Symbol auftauchen. Das ist ein Geschenk für dich.
(Pause) Trete zu dem Gegenstand oder Symbol hin,
und sieh es dir genau an. Bringe deine Gefühle des
Dankes für dieses Geschenk zum Ausdruck. Frage
den Gegenstand, ob er damit einverstanden ist, daß
du ihn in deinen Körper aufnimmst. Ist es o. k., so
nimm den Gegenstand in deine Hände und drücke
ihn an dein Herz oder einen anderen Körperteil, an
dem es sich gut anfühlt. (Pause)

Verlasse nun langsam den Steinkreis durch das Tor
aus denselben beiden Steinen, durch das du hereinge-
kommen bist. Danke dem Kreis, daß er dich als Gast

in seiner Mitte aufgenommen hat. Verlasse die Lichtung, und gehe wieder in den Wald hinein. (Pause) Kehre in den Gruppenraum und in das Bewußtsein deines Körpers zurück.«

Wenn sich alle wieder aufgesetzt haben, kannst du die Teilnehmer ermutigen, ihre Geschichten zu erzählen.

Ursprünge: Die Visualisierung eines Steinkreises ist eine der Grundübungen, die Philip Carr-Gromm (gewählter Ordensmeister des Ordens der Barden und Druiden in England) seinen Schülern aufgibt. Dieser Visualisierung habe ich die tatsächlichen Steine hinzugefügt. Wir haben diese Übung während eines Gespräches mit ihm über die Ähnlichkeiten und Verschiedenheiten zwischen Schamanismus und Druidentum durchdiskutiert. Der Vorschlag, das, was man im Kreis findet, in seinen Körper aufzunehmen, beruht auf einer schamanischen Heilungstechnik.

Kreisritual
Zahl der Teilnehmer: Mindestens fünf oder sechs.

Dauer: Zwischen einer halben Stunde und zwei Tagen, je nachdem wie groß die Gruppe ist, was mit den Leuten passiert, und welche Wünsche der Gruppenleiter hat.

Zweck des Rituals und Hinweise für den Leiter: Das Kreisritual eignet sich besonders als Einführungsritual für Gruppen, die sich vorwiegend mit Prozeßarbeit beschäftigen und sich zum ersten Mal treffen oder die schon zusammengearbeitet haben und sich zu einer neuen Sitzung treffen. Das Ritual gibt den Teilnehmern die Möglichkeit, (wieder) miteinander vertraut zu werden, während die Informationen, die dabei ausgetauscht werden, für die Gruppenleiter außerordentlich aufschlußreich sein können. Allerdings sollten Gruppenleiter wissen, worauf sie sich bei diesem Ritual einlassen. Sie sollten in der Lage sein, mit allem, was hochkommt, umzugehen, denn es können ziemlich unvorhersehbare Dinge dabei geschehen. Dieses Ritual erfordert ständige Wachsamkeit.

Material: Im Prinzip braucht man nichts dazu, aber vielleicht ist es ratsam, einige Decken und zusätzliche Kissen bereitzuhalten, falls ein paar Leute das Bedürfnis bekommen sollten, sich ein kleines Nest zu bauen.

Vorbereitung: Solltest du dich für den Gebrauch von Decken und Kissen entscheiden, so richte sie in dem Raum her, in dem das Ritual stattfinden soll.

Das Ritual: Alle begeben sich gleichzeitig in den Gruppenraum. Bitte jeden, nicht gleich einen Platz im Kreis einzunehmen. Gib den Teilnehmern zuerst ein paar Minuten Zeit, um sich einen Platz zum Sitzen auszusuchen, der ihren gefühlsmäßigen Bedürfnissen entspricht. Erkläre, daß jeder Platz gleich gut ist. Es ist nicht wichtig, ob der Platz unter dem Tisch ist, auf einer Truhe oder auf dem Boden. Für eine Reihe von Menschen mag der perfekte Platz in einem Kreis in der Mitte eines Raumes sein, aber für andere mag dies ganz anders aussehen. Manche sitzen vielleicht lieber bei der Tür, um der Tatsache Ausdruck zu verleihen, daß sie am liebsten ganz woanders wären oder daß sie schnell abhauen möchten, wenn ihnen die Gruppe nicht paßt. Andere wollen vielleicht so weit wie möglich von den anderen Teilnehmern wegsitzen. Wieder andere wollen sich vielleicht mit einer Decke schützen, während nochmal andere sich am liebsten in die Mitte des Raumes setzen, um alles im Blick zu haben. Wenn alle im Zimmer einen Platz gefunden haben, bitte sie, ihre Augen zu schließen und mit sich selbst Kontakt aufzunehmen. Nun kannst du sie bitten, für sich im Stillen folgende Fragen zu beantworten:

Warum hast du diesen Platz zum Sitzen gewählt?
Wie fühlst du dich beim Sitzen?
Was sind jetzt, in diesem Moment, deine Bedürfnisse?

Bitte einen nach dem anderen mit ein paar Worten zu erzählen, wie er sich auf seinem Platz fühlt. Wenn alle durch sind, bitte nochmals um einen Augenblick Ruhe. Frage jetzt, ob sich jeder mit den anderen verbunden fühlt. Frage diejenigen, die sich immer noch isoliert fühlen, was sie brauchen, um auf eine Art und Weise einen Platz im Kreis einnehmen zu können, mit der sie sich wohl fühlen. Das könnte sein, daß ein Teilnehmer die anderen Gruppenmitglieder bittet, ihn nicht zu berühren. Hingegen hat ein anderer vielleicht gerade das Bedürfnis, von jemandem berührt zu werden. Sucht als Gruppe gemeinsam nach Lösungen. Diskutiert und verhandelt, bis schließlich jeder einen Platz im Kreis eingenommen hat.

Danach kannst du zu einer kurzen Meditation übergehen, die du mit einer geführten Visualisierung abschließt. Weise bei der Visualisierung darauf hin, daß für jeden Teilnehmer genug Raum da ist, um sich auszudrücken, und daß sich niemand gezwungen fühlen sollte, etwas zu machen, was er nicht will. Erkläre zum Beispiel, daß jeder einzelne respektiert werden wird und es für jeden in jedem Augenblick einen Platz geben wird.

Ursprünge: Es war bei einer großen Konferenz, an der viele Leute teilnahmen. Irgendwann schlug jemand vor, ein Experiment zu machen. Er forderte alle dazu auf, sich in dem Raum einen Platz zu suchen, der sich für ihren gegenwärtigen Gefühlszustand gut anfühlte. Viele Leute versuchten, eine Verbindung zwischen sich herzustellen und setzten sich in einen Kreis. Als sich jeder seinen Platz ausgesucht hatte, fragte er, ob diejenigen,

die sich isoliert fühlten, nicht lieber im Kreis Platz nehmen wollten. Alle »Außenseiter« wurden damit aufge-
fordert, sich in den Kreis einzufügen.

Ich zog mich in eine Ecke zurück. Die Aufforderung
hatte auf mich genau den entgegengesetzten Effekt, als
beabsichtigt war. Anstatt mir die Möglichkeit zu geben,
mich so zu fühlen, wie ich an der Gruppe teilnehmen
wollte, wurde mein Gefühl der Isolation noch verstärkt.
In jenem Moment wollte ich nicht zu einer Masse von
Menschen gehören. Der Anblick von 80 Leuten, die
mich inständig baten, mich ihnen anzuschließen, war
fast furchterregend. Ich bekam das Gefühl, an dem
Kreis teilnehmen zu müssen, ohne überhaupt gefragt zu
werden, weshalb ich dies nicht spontan wollte. Als ich
erklärte, ich hätte keine Lust, am Kreis teilzunehmen,
wurde ich von den anderen augenblicklich und vollständig ignoriert. Die Botschaft war klar: Wenn du dich
nicht auf unsere Art und Weise zu uns gesellen willst,
dann schließen wir dich aus.

Als ich später über diese Erfahrung nachdachte, wurde
mir klar, daß ich, um mich der Gruppe anzuschließen,
nur eines gebraucht hätte: Die Gruppe hätte merken
sollen, daß ich einen besonderen Grund dafür hatte, alleine sein zu wollen. Wäre es einfach erlaubt gewesen,
mit mir zu teilen, was in mir vorging, hätte ich eine
Verbindung mit der Gruppe gespürt. Diese Erkenntnis
diente mir als Inspiration für dieses Ritual.

Elementeritual
Zahl der Teilnehmer: Unbegrenzt.

Dauer: Rechne mit mindestens einer Stunde. Es kann
aber auch länger dauern und von alleine zu Ende gehen.

Zweck des Rituals und Hinweise für den Leiter: Mit diesem
Ritual kann man die Elemente in den Augen der Teilnehmer »zum Leben erwecken«. Gleichzeitig wird da-

durch ein Gefühl der Verbundenheit hergestellt und den Teilnehmern die Zuversicht vermittelt, daß sie schon viel wissen, und daß nicht immer eine Autorität da sein muß, die alles erklärt. Dem Ritualleiter mag dieses Ritual einfach vorkommen, doch ist eine sorgfältige Vorbereitung dafür nötig. Bevor mit dem Ritual begonnen wird, muß der Ritualleiter mit dem Element Kontakt aufnehmen, das im Mittelpunkt des Rituals steht. Während des Rituals darf der Kontakt zu diesem Element nicht abreißen. Außerdem muß der Ritualleiter den Teilnehmern am Anfang auf die Sprünge helfen. Es empfiehlt sich, ein paar Geschichten, Anekdoten und Fakten über das entsprechende Element parat zu haben. Allerdings gilt auch hier die Regel, daß ein Ritualleiter nie mit seinen eigenen Geschichten beginnen sollte. Er sollte erst auf sie zurückgreifen, wenn die Teilnehmer richtig drin sind oder wenn sie ganz und gar nicht in Stimmung kommen.

Material: Mache eines der vier Elemente, Feuer, Wasser, Erde und Luft, deutlich sichtbar. Stelle beispielsweise eine große Schüssel mit Wasser oder Erde in die Mitte der Gruppe. Oder setzt euch um ein Feuer oder brennt Räucherstäbchen ab, so daß jeder es riechen und den Rauch in die Luft hochsteigen sehen kann. Natürlich ist es am besten, wenn ihr irgendwo in der Natur an einem Ort arbeiten könnt, an dem das Element klar in Erscheinung tritt: ein offenes Gelände, wo der Wind bläst, ein Teich oder ein Platz, an dem ihr ein Feuer machen könnt.

Vorbereitung: Suche dir einen Ort in der Natur aus, an dem du dieses Ritual abhalten willst, oder suche eine Form, um das Element deiner Wahl in dem Raum, in dem du arbeiten willst, darzustellen. Arbeitest du etwa mit dem Element Feuer, sorge dafür, daß genug Holz da ist, um das Feuer am Brennen zu halten. Arbeitest du in einem Gebäude, schau nach, ob es Feuerlöscher gibt, denn schon ein winziges Feuer in einer Kupferschale kann eine ganze Menge Rauch verursachen!

Das Ritual: Beginne das Ritual damit, alle Anwesenden dem Element vozustellen. Jeder kann seinen eigenen Namen nennen. Du kannst das aber auch in ihrem Namen tun, wenn du das Element bittest, während des Rituals anwesend zu sein. Bitte das Element, nicht nur auf der physischen Ebene gegenwärtig zu sein, sondern auch auf der spirituellen. Erkläre dem Element, daß die Gruppe zusammengekommen ist, um es näher kennenzulernen und es besser verstehen zu können.

Bitte nun einen Teilnehmer nach dem anderen, etwas über das Element zu erzählen. Das kann eine Erfahrung sein, die sie mit diesem Element gemacht haben, eine Geschichte, die sie irgendwo aufgeschnappt haben oder Informationen aus einem Buch. Es ist nicht wichtig, was es ist, wichtig ist, daß jeder sich mindestens einmal beteiligt.

Du wirst sehen, daß das Element mit jeder Geschichte eine größere Bedeutung bekommt. All die verschiedenen Geschichten werden zusammen ein neues Bild von dem Element in seinen unterschiedlichen Erscheinungsformen entstehen lassen. Vielleicht erinnert sich einer daran, wie einmal ein Haus abgebrannt ist, und eine andere, wie ihre Großmutter zu Hause immer ein Feuerchen brennen hatte, das ganz besonders gemütlich wirkte. Einem anderen geht vielleicht auf, daß er zu Hause immer mit Feuer kocht, und er ohne seinen Gasherd kein warmes Essen hätte. Und wieder ein anderer erinnert sich möglicherweise an den Mythos, wie das Feuer in die Welt gebracht wurde, oder daran, in welchem Zusammenhang das Element Feuer zu den verschiedenen Sternzeichen des Horoskops steht.

Nehmt euch Zeit, laßt Pausen und Momente der Stille ganz natürlich verstreichen. Ist die Gruppe erst einmal richtig in Fahrt gekommen, kann sich eine ganz besondere und intime Atmosphäre einstellen, in der mehr Geschichten erzählt werden, aber auch Momente der Stille eintreten, in denen alle auf das Element blicken und darüber meditieren. Das Element offenbart sich selbst, präsentiert sich selbst durch diese Geschichten.

Zum Abschluß des Rituals danke dem Element für alles, was es über sich durch die verschiedenen Geschichten offengelegt hat. Danke auch allen Teilnehmern, die bei diesem Ritual alle die Rolle des Lehrers übernommen haben.

Ursprünge: Eines Nachts sollte ein indianischer Medizinmann bei einer Zusammenkunft ein Feuerritual abhalten. Die anwesende Gruppe nahm ihre Plätze um das Feuer ein, doch anstatt mit der Zeremonie zu beginnen, fragte der Medizinmann einen Teilnehmer: »Was weißt du über Feuer?« Nachdem dieser geantwortet hatte, fragte er einen anderen: »Weißt du auch etwas über Feuer?« Wieder wurde eine Geschichte erzählt. »Was bedeutet Feuer für dich... Was ist Feuer... Hattest du schon irgendwann einmal ein Erlebnis mit Feuer?« Jeder kam mit Antworten an die Reihe. Bald fing es mir an zu dämmern, daß die Zeremonie schon in vollem Gange war. Nach der anfänglichen Überraschung und Verlegenheit, daß wir selbst etwas beizutragen hatten, kamen wir langsam auf den Geschmack, und die Geschichten fingen an, wie von selbst aus uns herauszusprudeln, ohne daß irgend jemand danach fragen mußte. Nach einer Stunde Geschichtenerzählen in der Runde wurde das Element immer greifbarer. Das Feuer in der Mitte der Gruppe wurde zu einer Persönlichkeit mit eigenem Charakter und einer eigenen Geschichte. Das war eines der schönsten Rituale mit dem Element Feuer, an dem ich je teilgenommen habe.

Kontaktritual
Zahl der Teilnehmer: So viel wie möglich, mindestens jedoch zwölf.

Dauer: Etwa eine Stunde, kann manchmal aber auch länger gehen. Der Ritualleiter kann es jederzeit beenden.

Zweck des Rituals und Hinweise für den Leiter: Dieses Ritual
eignet sich für alle großen Gruppen und ist besonders
empfehlenswert für Gruppen, in denen es mit der Kommunikation Schwierigkeiten gibt oder in denen die
Teilnehmer aus verschiedenen Kulturen oder Ländern
stammen und unterschiedliche Sprachen sprechen. Bei
diesem Ritual wird versucht, auf dem direktesten Weg
Kontakt aufzunehmen. Es ist ein Sprung ins kalte Wasser und eine ganz besondere Erfahrung. Das Ergebnis
und die Dauer lassen sich unmöglich voraussagen. Die
einzige Aufgabe des Ritualleiters besteht darin, mit dem
Ritual zu beginnen und anschließend den Energiefluß
im Raum zu beobachten. Im allgemeinen kommt das
Ritual auf ganz natürliche Weise von alleine zu einem
Ende und in diesem Moment sollte das Ritual förmlich
abgeschlossen werden.

Material: Die Teilnehmer und ihr echter Wunsch, miteinander in Kontakt zu kommen.

Vorbereitung: Es ist schön, eine Atmosphäre im Raum zu
schaffen, in er sich die Leute sicher fühlen. Sorge dafür,
daß es gute Sitzmöglichkeiten gibt und das Licht nicht
zu hell ist. Zünde in der Mitte des Raums Kerzen an.

Das Ritual: Alle sitzen in einem Kreis. Du kannst das Ritual mit einer Geschichte über das Wesentliche des Rituals beginnen: Es ist nichts anderes als ein gegensei-
tiges Kennenlernen. Sage den Teilnehmern, daß es bei
dem Ritual, das sie gleich abhalten werden, darum geht,

auf die einfachste und direkteste Weise eine Verbindung und einen Kontakt herzustellen.

Erkläre, daß jeder während des Rituals jederzeit aufstehen und im Kreis herumlaufen kann und sich auch jederzeit wieder hinsetzen kann, wenn ihm danach ist. Die Personen, die aufstehen, gehen zu irgend jemand im Kreis hin und öffnen sich für den Menschen, den sie vor sich haben. Die Idee dabei ist, zu versuchen, die Bedürfnisse der Person, die vor dir sitzt, zu erspüren und ihr das zu geben, was sie im Moment gerade braucht. Folge deiner Intuition. Für eine Person möchtest du vielleicht ein Lied singen, eine andere möchtest du in den Arm nehmen, die nächste möchtest du vielleicht nur ansehen und sie anlachen. Wieder eine andere willst du möglicherweise trösten, weil du spürst, daß ihr Inneres verletzt ist. Jemand anderer braucht vielleicht einen kleinen Schubs. Es kann vorkommen, daß du nicht spürst, was der andere gerade braucht, oder daß du das, was gebraucht wird, nicht geben kannst oder willst. In diesen Fällen kannst du einfach warten, bis sich die Situation klärt oder du kannst zu irgend jemand anderem weitergehen. Vielleicht spürst du auch, daß die Person vor dir in Ruhe gelassen werden will, dann lauf einfach weiter. Nimm dir jedoch jedes Mal genügend Zeit, um dich für die Person zu öffnen, so daß du wirklich spüren kannst, wo ihr Bedürfnis liegt. Erkläre allen, daß sie alles, was ihnen angeboten wird, stets ablehnen und weglaufen können, wenn sie sich mit der Person, die sich vor sie hingesetzt hat, nicht wohl fühlen.

Du verwendest keine Worte, sondern erspürst nur, was der andere braucht, gibst es und gehst dann zur nächsten Person weiter. Es kann vorkommen, daß du mit dem einen 15 Minuten verbringst und mit dem anderen nur drei Sekunden.

Jeder kann aufstehen und sich hinsetzen, wie es ihm gerade gefällt. Man braucht nicht erst abzuwarten, bis ein anderer mit seiner Runde fertig ist. Irgendwann kann

es dann vorkommen, daß die meisten Teilnehmer herumlaufen.

Wenn es an der Zeit ist, das Ritual zu einem Abschluß zu bringen, kannst du jeden bitten, den Kontakt,
den sie gerade geschlossen haben, ausklingen zu lassen
und wieder einen Platz im Kreis einzunehmen. Wenn
alle wieder sitzen, bitte sie, sich gegenseitig an den
Händen zu fassen und einen Moment lang in Stille zu
verharren. Wer weiß, ob du dann nicht Lust bekommst,
ein kleines Liedchen zu singen. Drücke deine Gefühle
des Dankes für alles aus, was gegeben und empfangen
wurde.

Ursprünge: Ich war einmal auf einer Konferenz in Un-
garn, deren Teilnehmer aus Osteuropa, Westeuropa,
Amerika und Afrika kamen. Etwa nach der Hälfte der
Konferenz fanden sich die meisten Teilnehmer zu einer
Gruppendiskussion zusammen, in der darüber gesprochen wurde, wie schwierig es war, wirklich in Kontakt
miteinander zu kommen. Es war ein langweiliges, wenig anregendes Gespräch, hauptsächlich weil die meisten kaum Englisch sprechen konnten. Oder vielleicht
ist es ehrlicher, zu sagen, daß sich nur eine kleine Gruppe
der Anwesenden an der Diskussion beteiligte und die
anderen nur herumhingen. Ein russischer Teilnehmer,
der die ganze Konferenz über noch nichts gesagt hatte,
stand auf und schlug (über den Dolmetscher) vor, endlich mit dem Gerede aufzuhören und uns stattdessen
nur anzusehen und zu geben, was wir brauchten.

Natürlich herrschte am Anfang erst einmal große
Verwirrung, besonders bei denjenigen, die bis dahin viel
geredet hatten. Nach ein paar Minuten der Verwirrung
schienen die meisten den Vorschlag gut zu finden. Das
Licht wurde ausgeschaltet und Kerzen angezündet. Nach
kurzem Schweigen standen die ersten auf und über eine
Stunde lang spielten sich dann die unterschiedlichsten
Szenen in dem Raum ab. Manche Teilnehmer weinten,

andere lachten, Leute starrten sich an, umarmten sich, fluchten, sangen... Es war wirklich alles vertreten. Es war furchtbar, phantastisch, bedrohend, geborgen – es war alles gleichzeitig. Für viele Leute waren dies die eindrucksvollsten Momente der ganzen Konferenz. Es war auf jeden Fall das erste Mal während der Konferenz, daß ein echter Kontakt zwischen den unterschiedlichsten Leuten aus völlig verschiedenen Kulturen zustandekam.

Kraftritual

Zahl der Teilnehmer: An diesem Ritual sollten mindestens fünf und höchstens neun oder zehn Leute teilnehmen. Größere Gruppen können in kleinere Untergruppen von mindestens fünf Personen aufgeteilt werden. Diese Gruppen können dann das Ritual gleichzeitig vollziehen.

Dauer: Setze zwei bis drei Minuten pro Person für das Singen oder Rasseln an. Wenn du mit zwei oder mehr Gruppen arbeitest, lege nur die Zeit für die größte Gruppe zugrunde.

Zweck des Rituals und Hinweise für den Leiter: Wir haben es hier mit einem kraftvollen Ritual zu tun, das manch unerwartete Wirkung haben kann. Da der Mensch fast immer etwas zusätzliche Unterstützung und Energie brauchen kann, kann dieses Ritual in fast jeder Situation angewandt werden. Das Schema ist ganz einfach. Alle Teilnehmer bilden einen Kreis, und ein Teilnehmer begibt sich in die Mitte des Kreises. Die Leute im Kreis bitten um Unterstützung und Segen für denjenigen in der Mitte. Nach ein paar Minuten werden die Positionen gewechselt, und ein anderer Teilnehmer geht in die Mitte, solange bis jeder einmal dran war. Es sollte daran erinnert werden, daß die Personen, die die Kräfte anrufen, diese gleichzeitig auch darum bitten sollten, ein

Gleichgewicht mit allen anderen, gerade vorhandenen Kräften zu wahren.

Material: Trommeln und/oder Rasseln. Außerdem ist es ratsam, Papier und Stifte zur Hand zu haben, falls sich jemand irgendeine Botschaft aufschreiben will, die er während des Rituals erhält.

Vorbereitung: Sorge dafür, daß für jeden Teilnehmer eine Trommel oder Rassel vorhanden ist. Natürlich kannst du auch mit leeren Blechdosen und Gläsern improvisieren, die mit kleinen Steinchen oder Reis gefüllt sind. Wichtig ist dabei nur, daß alle Instrumente klein genug sind, um sie bequem in der Hand halten und spielen zu können.

Das Ritual: Das Ritual beginnt damit, daß jeder seinen Platz im Kreis einnimmt. Einer begibt sich in die Mitte des Kreises. Der Rest bildet mit dem Rücken zur Kreismitte einen Kreis um ihn herum. Alle außer der Person in der Mitte haben eine Rassel oder Trommel in der Hand.

Bevor mit dem Ritual begonnen wird, sollte allen Positionen im Kreis, außer der in der Mitte, eine bestimmte Kraft zugeordnet werden. So sollte den vier Himmelsrichtungen und den Elementen ein Platz zugewiesen werden (wenn nicht genügend Teilnehmer da sind, können diese auch paarweise zusammengefaßt werden, etwa eine Position für den Süden und das Feuer). Wenn viele Teilnehmer da sind, können auch Plätze für die obere, mittlere und untere Welt vorgesehen werden, sowie für Krafttiere, Geistführer oder Ahnen.

Wenn der Ritualleiter das Zeichen gibt, fangen die Leute im Kreis zu rasseln, trommeln und singen an. Sie bitten die Kraft des Ortes, an dem sie stehen, sich einzustellen und der Person in der Kreismitte Unterstützung und Segen zuteil werden zu lassen. Die Person in der Kreismitte braucht nur ganz offen sein und alle Energie, die ihr zufließt, in sich aufzunehmen. Nach etwa drei Minuten gibt der Ritualleiter wieder ein Zeichen, und alle hören auf. Sollte irgend jemand im Kreis eine Botschaft für die Person in der Mitte erhalten haben, so sollte etwas Zeit gelassen werden, um die Botschaft aufzuschreiben. Allerdings sollte dies nur mit ein paar Stichwörtern geschehen, damit nicht zuviel Zeit verloren geht. Danach wird abgewechselt. Ein anderer geht in die Mitte und überläßt seinen Platz der Person, die bisher in der Kreismitte war. Das Ganze wiederholt sich solange, bis alle einmal dran waren.

Danach kann das Ritual beendet werden, indem den Geistern für ihren Segen gedankt wird und alle erhaltenen Informationen ausgetauscht werden.

Ursprünge: Jeden Schamanenkurs, den ich gebe, beginne ich mit Rasseln für die vier Himmelsrichtungen, die Elemente und die drei Welten. Häufig erhalte ich während dieser Begrüßungszeremonie Informationen zu dem jeweiligen Tagesprogramm. Auch dieses Ritual ist mir bei einer solchen Gelegenheit offenbart worden. Ich rasselte und sang gerade für den Norden und das Element Luft, als ich plötzlich eine Karte sah, auf der dieses Ritual in allen Einzelheiten aufgezeichnet war. Es schien mir ein tolles Ritual zu sein, und wir probierten es noch am selben Morgen aus.

Als die Gruppe sich zum nächsten Mal traf, erzählte jeder, was er in der vergangenen Woche erlebt hatte. Schon bald wurde deutlich, daß jeder die Energie bekommen hatte, die er brauchte, um den nächsten Schritt in seinem Leben zu tun. Eine Person entschied sich plötzlich, einen Monat Urlaub zu nehmen und hatte ihn sofort gebucht. Eine andere Teilnehmerin hatte beschlossen, Unterricht zu geben, und die ganze Woche über lief ihr Telefon heiß vor lauter Anrufen von Leu-

ten, die bei ihr Unterricht nehmen wollten. Und das,
obwohl sie gar keine Werbung dafür gemacht hatte.
Eine dritte hatte eine furchtbare Auseinandersetzung
mit ihrer Mutter, bei der endlich viele Dinge zur Sprache kamen, die nie geklärt worden waren. Es war nur
allzu klar, daß jedem Energie zugeflossen war und er sie
wirklich verwenden konnte, um wichtige Dinge zu er-
ledigen.

Traumkreis
Zahl der Teilnehmer: Bis zu 20 Personen.

Dauer: Mindestens eine halbe Stunde, aber je nachdem,
was du damit erreichen willst, kann das Ritual ausge-
dehnt werden, so daß du ein paar Stunden damit arbeiten kannst.

Zweck des Rituals und Hinweise für den Leiter: Während des
Rituals wirst du die tieferen Bedeutungen des Traums
entdecken. Und ein vielleicht noch wichtigerer Effekt
ist, daß alle Teilnehmer während des Rituals einen
Traum einer anderen Person erleben. Dieses Ritual eignet sich besonders für Gruppen, die sich ein ganz bestimmtes Thema gestellt haben. Als Ausgangspunkt
kannst du einen Traum eines Teilnehmers nehmen, der
etwas mit dem Thema der Gruppe zu tun hat oder darauf aufbaut.

Material: Alle möglichen kleinen Instrumente und Gegenstände, mit denen sich verschiedene Klänge erzeugen lassen. Du kannst alles benutzen, was ein bißchen
Lärm macht und leicht in der Hand zu halten ist.

Vorbereitung: Lege die Instrumente aus, damit sie gleich
benutzt werden können. Überzeuge dich davon, daß du
weißt, mit welchem Traum du arbeiten wirst. Bitte die
Teilnehmer, sich ihre Träume in der Nacht vor dem Ri-

tual zu merken und sie dir am nächsten Tag vor dem Ritual zu erzählen. Wähle den Traum aus, der dir am passendsten erscheint.

Es ist immer hilfreich, für den Fall des Falles auch einen Traum von dir aus jüngster Vergangenheit parat zu haben. Du kannst dich aber auch entscheiden, das Ritual nicht abzuhalten, wenn keiner einen brauchbaren Traum hatte.

Das Ritual: Bitte die Teilnehmer in einem Kreis Platz zu nehmen. Die Person, die den Traum hatte, sitzt, steht oder läuft in der Mitte herum und erzählt ihren Traum langsam und deutlich. Danach wird eine halbe Minute Pause eingelegt, und jeder denkt über den Traum nach. Dann wird der Traum nochmal erzählt. Und anschließend ein drittes Mal, allerdings macht jetzt jeder während der Traumerzählung leise Geräusche dazu.

Laß den Traum nochmal erzählen und seine Intensität langsam zunehmen. Die Teilnehmer können jetzt anfangen, aktiver zu werden und mit den Instrumenten und ihrer Stimme Geräusche zu machen oder den Traum mit ihren Körpern nachzuspielen.

Wenn das Ritual in vollem Gange zu sein scheint, kann die Person in der Mitte, die den Traum erzählt hat, wieder im Kreis mit den anderen Platz nehmen, und jemand anderes kommt in die Mitte, um den Traum zu erzählen. Diese Person erzählt den gleichen Traum nochmal, aber in ihren eigenen Worten und mit ihren eigenen Ausschmückungen. Hat die erste Person beispielsweise erzählt, sie habe etwas aus dem Kühlschrank genommen, so kann die zweite hinzufügen, daß der Kühlschrank riesengroß und proppenvoll war. Dadurch, daß man den Traum von verschiedenen Leuten nacherzählen läßt (während die anderen dazu weiter ihre Geräusche und Bewegungen machen), erhält der Traum mehr Tiefe. Die persönliche Geschichte nimmt einen archetypischen Charakter an. Der Traum kann von ver-

schiedenen Leuten aus den unterschiedlichsten Blickwinkeln erzählt werden: der Kühlschrank, das Haus,
in dem sich das Ganze abspielt, das Sofa, auf dem der
Träumer in seinem Traum sitzt...

Und laß dann zum Schluß den Traum rückwärts erzählen. Sehr häufig wird dir eine völlig neue Bedeutung
des Traums aufgehen, die dir vorher nicht aufgefallen
ist.

Ursprünge: Irgendwann las ich einmal ein Buch über mo-
derne Darstellungskunst, in dem ein Kreis abgebildet
war und daneben eine Beschreibung über eine traditionelle indische Technik der Traumerzählung. Es wurde
nicht in allen Einzelheiten beschrieben, wie dieses Ritual auszusehen hatte. Doch die Idee eines »Traum-
kreisrituals« ging mir nicht mehr aus dem Kopf, und
nach einer gewissen Zeit begann ich in Themengrup-
pen damit zu experimentieren. Inzwischen verwende
ich verschiedene Variationen des Traumkreises, die sich
bei meiner Arbeit mit den Gruppen herausgebildet
haben.

Eine der Entdeckungen, die ich mit diesem Ritual gemacht habe, ist, daß das Rückwärtserzählen von Träumen manchmal ungeheuer viel Information liefert.
Viele Träume entwickeln sich über die verschiedensten
Umwege, die dich schließlich auf den Kern des Ganzen
hinführen. Man könnte auch sagen, man sinke beim
Träumen langsam zu der wahren Bedeutung des Traumes hinab. Doch dreht man den Vorgang um (indem
man den Traum rückwärts erzählt), werden deine eigenen Reaktionen und Denkmuster deutlich, die dich
vom Kern des Traumes ferngehalten haben. Da du deine
eigenen Denk- und Verhaltensmuster nun klar unterscheiden kannst, kann dir ein rückwärtserzählter Traum
Tips geben, wie du ein Problem lösen kannst. Diese
Umkehrung funktioniert nicht bei jedem Traum, doch
ein Versuch lohnt sich immer.

Integrationsritual

Zahl der Teilnehmer: Mindestens sechs, aber besser mehr. Die Zahl hängt davon ab, wieviel Platz du zur Verfügung hast.

Dauer: Etwa ein Stunde, aber manchmal kann es auch etwas länger dauern.

Zweck des Rituals und Hinweise für den Leiter: Ziel dieses Rituals ist es, zu erleben, wie es ist, wenn man sich nicht mehr mit verschiedenen Gefühlen und Stimmungen identifiziert. Und dahinter steckt bereits wieder ein anderes Ziel, nämlich einen Zustand zu erreichen, in dem es keine Gegensätze mehr gibt. Bei diesem Ritual geht es laut zu, deshalb ist es nicht ratsam, es in einem Raum mit dünnen Wänden durchzuführen. Als Leiter kannst du selbst auch daran teilnehmen, nur am Anfang mußt du vielleicht angeben, wie schnell von einem Gefühl zum nächsten gewechselt werden soll. Außerdem mußt du dir überlegen, wie intensiv du daran teilnehmen willst. Zum Abschluß des Rituals führst du die Gruppe dann durch eine gemeinsame Meditation mit Visualisierung.

Sorge dafür, daß beim Aufschreiben der verschiedenen Gefühle und Stimmungen etwa gleich viele positive wie negative vertreten sind. Wurden zu viele positive Gefühle genannt, so zähle zum Ausgleich selbst ein paar negative auf.

Material: Papierstreifen (Größe: circa 10 mal 30 Zentimeter). Ein dicker Filzstift. Ein paar Streichholzschachteln und ein kleines Teelicht pro Papierstreifen.

Vorbereitung: Bereite mindestens 25 bis 30 Papierstreifen vor. Sie werden zum Aufschreiben der Stimmungen und Gefühle am Anfang des Rituals benutzt.

Das Ritual: Ihr fangt in der Gruppe an, so viele Stimmungen und Gefühle wie möglich zu nennen: Haß, Hunger, Freundlichkeit, Milde, Wut, Liebe, Harmonie, Unruhe, Ärger – alles, was euch einfällt. Schreibe jede der genannten Stimmungen und Gefühle auf einen separaten Papierstreifen. Nach etwa fünf Minuten müßtet ihr eigentlich die wichtigsten menschlichen Gefühle auf den Papierstreifen festgehalten haben.

Lege nun die Papierstreifen in einem Kreis auf den Boden. Ordne sie so an, daß sie von außerhalb des Kreises zu lesen sind. Stelle hinter jeden Papierstreifen auf der Innenseite des Kreises ein Teelicht. Lege außerdem ein paar Streichholzschachteln in den Kreis, damit jeder ohne größere Schwierigkeiten eine Kerze anzünden kann.

Erkläre, daß es bei dem Ritual um die Integration von Gegensätzen geht. Und wie läßt sich diese Integration nun erreichen? Die Teilnehmer versuchen, alle aufgeschriebenen Stimmungen und Gefühle nacheinander so intensiv wie möglich zu erleben. Laß die Teilnehmer an dieser Stelle auch wissen, daß das Ritual mit einer geführten Meditation mit Visualisierung enden wird. In dem Abschnitt über die Ursprünge dieses Rituals beschreibe ich den Traum, den ich als Grundlage für dieses Ritual benutze. Du kannst diesen Traum für die Visualisierung verwenden.

Nehmt euch etwa eine Minute Zeit, um euch in jedes Gefühl hineinfallen zu lassen. Irgend jemand liest z.B. das Wort »Begierde« vor und sofort sucht jeder in sich nach diesem Gefühl. Die Geräusche, Bewegungen, Wörter, alles, was hochkommt, kann ausgedrückt werden. Nach etwa einer Minute sucht sich der nächste Teilnehmer ein anderes Wort aus. Wieder sucht jeder nach einer Form, dieser Stimmung oder diesem Gefühl in sich Ausdruck zu verleihen.

Während die jeweilige Person ein Gefühl laut vorliest, nimmt sie die Streichhölzer in die Hand und zündet die Kerze hinter dem Papierstreifen an, auf dem das Gefühl steht. Sind schließlich alle Gefühle und Stimmungen durchlebt, brennen alle Kerzen.

Wenn das getan ist, bitte die Teilnehmer stehen zu bleiben, obwohl vielleicht viele durch das Ritual müde geworden sind. Bitte sie, ihre Augen zu schließen und mit dir eine Visualisierung mitzumachen. Nehme den Traum zum Ausgangspunkt für die Visualisierung, mit dem du das Ritual eingeleitet hast.

Ursprünge: Das Ritual entstand aus einem unglaublichen Traum, den ich vor ein paar Jahren hatte. Eine Schweizerin, Doris, die ich kurz zuvor kennengelernt hatte, spielte darin eine Rolle. Am Tag nach dem Traum traf ich sie, und als ich ihr von dem Traum erzählte, den ich nachts zuvor gehabt hatte, war sie total verblüfft. Der Traum paßte genau zu dem, was sie am Tag vorher gemacht hatte. Sie erzählte mir, daß sie sich den ganzen Tag in die Natur zurückgezogen hatte, um über ihre Arbeit nachzudenken. Sie war schließlich zu dem Schluß gekommen, daß sie einen Weg finden müsse, um der Zwiespältigkeit zu entrinnen, von der sie sich zerrissen fühlte. Sie hatte noch niemand von ihrer Erkenntnis erzählt, aber sie bildete die Ausgangsbasis für das, was in meinem Traum passiert war.

In dem Traum standen Doris und ich ein paar Meter voneinander entfernt. Zwischen uns war ein Kreis auf den Boden gemalt. »Von nun an gilt es nicht mehr, nur an einem Platz im Kreis zu stehen«, sagte Doris. »Die Zeit, aus Gegensätzen zu lernen, ist vorbei. Um zu wachsen, ist es notwendig, daß wir auf allen Plätzen gleichzeitig stehen. Erlebe den ganzen Kreis zur selben Zeit, ohne Trennung oder Unterscheidung.«

Ich fing an, mich zu konzentrieren und aus meinem Unterleib begannen Energielinien aufzusteigen. Die Linien verankerten sich an verschiedenen Stellen auf dem Kreis. Während die verschiedenen Linien sich ver-

ankerten, durchflossen mich alle möglichen Gefühle.
Schließlich konnte ich alle Stellen auf dem Kreis gleichzeitig berühren und zur selben Zeit alle Gefühle empfinden, zu denen ein Mensch überhaupt in der Lage ist.
Es war ein unglaubliches Gefühl. Ich war an allen Stellen gleichzeitig. Der Kreis fühlte sich wie ein Teil meines Körpers an.

Sobald mich die Energielinien mit dem Kreis verbunden hatten, begann sich eine neue Energie aufzubauen.
An allen Stellen, an denen eine Linie aus meinem
Unterleib den Kreis berührte, begann eine Pflanze zu
wachsen. Während die Pflanzen wuchsen, verschlangen
sie sich miteinander. Dadurch waren alle Punkte auf
dem Kreis miteinander verbunden.

Gemeinsam bildeten sie einen lebendigen Kreis aus
grünen Blättern. Dann bildeten sich Knospen und überall kamen kleine grünlichweiße Blüten zum Vorschein.
Die Verbindung zwischen den Pflanzen ließ noch mehr
Energie entstehen. Über die Linien in meinem Unterleib begann Energie in meinen Körper zurückzufließen.
Die Pflanzen leuchteten auf, und der Eindruck von den
vielen Gefühlen ließ nach. Es fand eine Verwandlung
statt. Ein farbloses reines Licht erfüllte meinen Körper
und strömte aus mir heraus, bis meine Gedanken sich
auflösten. Was übrig blieb, war reine Lebensenergie, eine
ekstatische Schwingung.

Wutritual
Zahl der Teilnehmer: Mindestens zehn, je nachdem wieviel Platz vorhanden ist, können jedoch unbegrenzt
viele mitmachen.

Dauer: Etwa anderthalb Stunden.

Zweck des Rituals und Hinweise für den Leiter: Der Zweck
dieses Rituals ist es, persönliche Wut oder die einer
Gruppe freizusetzen. Es eignet sich hauptsächlich für

Gruppen, die sich mit der Verarbeitung von Traumata befassen. Wenn Menschen ein Trauma verarbeiten, fällt es ihnen oft schwer, mit ihrer Wut in Kontakt zu kommen. Dieses Ritual bietet Menschen Gelegenheit, genau das zu tun. Am besten wird dieses Ritual am Ende einer intensiven Gruppenarbeit durchgeführt, wenn die Teilnehmer sich schon gut kennen und etwas über die Prozesse erfahren haben, die sie alle durchmachen.

Verdrängte Wut freizusetzen ist jedoch nicht das einzige wichtige Ziel dieses Rituals. Während des Rituals wird auch eine ungeheure Menge von Energie freigesetzt, die für andere Zwecke genutzt werden kann. Ich schlage vor, diese Energie zu nutzen, um einen Beitrag zur Heilung der Erde zu leisten. Die wichtigste Aufgabe des Ritualleiters ist es, die Energie, die bei dem Ritual freigesetzt wird, zu bündeln, in eine bestimmte Richtung zu lenken und loszuschicken.

Nach dem Ritual brauchen die Teilnehmer Zeit, um sich zu duschen und sich ein bißchen zu erholen. Am besten macht man nach dem Ritual eine Pause und geht dann erst einmal schön essen. Wenn die Leute gegessen haben und entspannt sind, sollte das Programm leicht und entspannend weitergehen. Plane nichts Intensives.

Material: Ein großer Raum, der in drei konzentrische Kreise aufgeteilt ist. Lege im innersten Kreis Kissen, Matratzen und Decken bereit. Stelle im mittleren Kreis Sandsäcke oder ähnliche schwere Gegenstände auf, auf die die Leute einschlagen oder denen sie Tritte versetzen können. Denke außerdem an Plastikknüppel, Tennisschläger und Stöcke, damit die Leute etwas haben, mit dem sie darauf einschlagen können. Außerdem solltest du auch einen oder zwei Eimer bereitstehen haben, falls sich jemand übergeben muß (das kann passieren, wenn alte, tief verdrängte Wut hochzukommen beginnt). Vergiß auch nicht, Papiertaschentücher bereitzulegen. Der äußere Kreis ist der Ort, an dem getanzt und die Energie nach oben bewegt wird. Und schließlich brauchst du noch eine Stereoanlage und schnelle, mitreißende, wilde Trommelmusik.

Vorbereitung: Teile den Raum auf, und richte ihn mit dem ganzen Material her.

Das Ritual: Das Ritual besteht aus zwei Teilen, die in der Gruppe ausgeführt werden. Jeder fängt damit an, zu erklären, warum er dieses Ritual mitmachen will. Das kann folgendermaßen aussehen: »Ich mache dieses Ritual, um die Person, die mich vergewaltigt hat, aus meinem System zu bekommen... Ich mache dieses Ritual für die Erde, die von Umweltverschmutzung bedroht ist... Ich mache dieses Ritual für alle Kinder, die sexuell mißbraucht wurden.«

So erzählt einer nach dem anderen, was ihn dazu gebracht hat, an diesem Ritual teilzunehmen. Immer wenn einer mit seiner Erklärung fertig ist, sagen die anderen in der Gruppe etwas wie: »Ich stehe dir bei...« Ihr könnt euch vorher darauf einigen, welcher Satz euch am besten gefällt.

Wenn ihr damit durch seid, gehe zu einer Visualisierung über. Die ganze Gruppe stellt sich nun einen Wassertropfen vor, der alle drei Kreise umschließt. Stellt euch den Tropfen aus einem festen und elastischen Material vor, das in der Lage ist, alle Energie, die freigesetzt wird, aufzunehmen. Stellt euch nun vor, daß das obere Ende des Wassertropfens abgeschnitten und an dessen Stelle ein Loch von circa 20 Zentimeter Durchmesser ist. Erkläre, daß alle Energie, die bei dem Ritual freigesetzt wird, in dem Wassertropfen bleibt, dort umgewandelt wird und schließlich durch das Loch an der Spitze des Wassertropfens entweicht. Rufe nun die Geister an, euch zu Hilfe zu kommen. Teile ihnen den Zweck mit, für den ihr die Energie verwenden wollt, und bitte sie, die Energie in die richtige Richtung zu lenken, damit sie für diesen Zweck genutzt werden kann.

Danach beginnt das eigentliche Ritual. Erkläre allen, wofür die drei Kreise sind.

Der innere Kreis ist für das verletzte, verängstigte, verwundete innere Kind. Die Teilnehmer können sich in den innersten Kreis begeben, wenn sie mit diesem Teil von sich selbst Kontakt aufnehmen oder ihn spüren wollen.

Der mittlere Kreis ist der Ort, an dem der Wut Luft gemacht werden kann. Hier liegen Matratzen, Tennisschläger, Sandsäcke etc. bereit. Alle Wut, die hochkommt, kann hier ausgelebt werden. Jeder kann dabei vorgehen, wie es ihm gefällt, solange er dabei mit dem Rücken zum inneren Kreis steht und die Energie nach außen in den äußeren Kreis fließen läßt.

Der äußere Kreis ist zum Tanzen vorgesehen. In diesem Kreis sammelt ihr die Energie, die durch die Wut freigesetzt wurde, verwandelt sie in neutrale Energie und schleudert sie zu dem Loch in dem Tropfen hinaus. In dem äußeren Kreis steht niemand still, sondern alle bewegen sich langsam im Uhrzeigersinn.

Erkläre jedem, daß er zwischen den Kreisen so schnell und so oft hin- und herwechseln kann, wie er will. Jeder bestimmt selbst, wo er sich aufhalten will. Gib außerdem die Anweisung, daß jeder bei dem bleiben soll, was in ihm vorgeht, und keinen Kontakt mit anderen Teilnehmern aufnimmt.

Kehre nun zu der Visualisierung zurück. Verstärke die Vorstellung von der Tropfenform, die die Energie in sich aufnimmt. Schalte die Musik an, und drehe sie laut.

Am Anfang wird es erst einmal zugehen wie in einem Irrenhaus. Ein paar Leute werden im inneren Kreis sitzen und vor Angst weinen, andere werden an den Sandsäcken herumzerren wie wildgewordene Affen, und wieder andere werden in dem äußeren Kreis ekstatisch herumtanzen. Irgendwann wird sich dann der

Sturm legen, und die meisten werden sich im äußeren Kreis eingefunden haben. Bitte die anderen, die noch nicht dort sind, sich zu ihnen zu gesellen.

Schließe das Ritual mit einer kurzen Visualisierung ab, bei der alle Energie, die sich noch in dem Tropfen befindet, durch das Loch hinausgeschleudert wird, um von den Geistern in Empfang genommen zu werden. Danke den Geistern für ihre Gegenwart und Hilfe, und danke den Teilnehmern für die Arbeit, die sie geleistet haben.

Räume nun den Ritualplatz wieder auf, und reinige ihn von allem. Schrubbe den Boden, räuchere den Raum mit Kräutern aus, oder zünde ein paar Räucherstäbchen an.

Ursprünge: Dieses Ritual entstand bei einer langen, intensiven Gruppenarbeit mit Teilnehmern, die fast alle in ihrer Kindheit Opfer von sexuellem Mißbrauch geworden waren. An einem bestimmten Punkt ergab sich die Notwendigkeit, mit der Wut, die langsam an die Oberfläche kam, etwas anzufangen. Ich wollte dies mit einem Ritual tun. Ich setzte mich mitten in die Natur und bat um Anweisungen, wie ich es genau anfangen sollte. Mir erschien das Bild von Moschusochsen, die im Kreis standen. Diese Tiere leben jenseits des Polarkreises und haben eine ganz besondere Technik, um ihre Jungen vor Angriffen von Wölfen zu schützen. Alle erwachsenen Moschusochsen bilden mit dem Kopf (und den gefährlich spitzen Hörnern) nach außen einen Kreis. Die Kälber stehen geschützt in der Mitte, wo ihnen die Wölfe nichts anhaben können. Dieses Bild war der eigentliche Ursprung dieses Rituals. Es war die Ausgangsbasis, auf der ich das ganze Ritual dann aufbaute.

Die Unterteilung des Kreises schien für jeden genug Sicherheit zu bieten. Sogar die Leute, die sich normalerweise nie trauten, ihre Wut in der Gruppe herauszulassen, konnten problemlos teilnehmen.

Besonders eindrucksvoll war für mich, daß aus der Geisterwelt eine enorme Reaktion kam. Viele verschiedene Geister reagierten auf unsere Bitte, die Energie für einen bestimmten Zweck zu nutzen.

Später hörte ich, daß dieses Ritual mehreren Leuten offenbart worden war. Joanna Macey (eine internationale Autorität in Sachen Ökologie) verwendet dieses Ritual ebenfalls und zwar mit dem Thema »Wut über die Umweltverschmutzung« und dem Zweck »Heilung der Erde«. Sie hat dieses Ritual von einem Teilnehmer, der es geträumt hat. Offenbar liegt den Geistern wirklich etwas daran, daß dieses Ritual verwendet wird.

Trauerritual

Zahl der Teilnehmer: Von zwei bis 20. Ein Therapeut kann dieses Ritual mit einem einzelnen Patienten oder mit einer ganzen Gruppe durchführen.

Dauer: Je nach Teilnehmerzahl. Pro Teilnehmer müssen etwa drei bis fünf Minuten (manchmal auch etwas mehr) angesetzt werden.

Zweck des Rituals und Hinweise für den Leiter: Mit diesem Ritual werden verschiedene Ziele verfolgt. Einer der wichtigsten ist, die Menschen mit ihrem Schmerz und ihrer Trauer über einen Verlust in Kontakt zu bringen. Oft versuchen Menschen, die einen Verlust erlitten haben, den Schmerz nicht zu spüren und ihn stattdessen zu verleugnen oder herunterzuspielen. Das kann die Heilung dieses Verlusts zu einem langwierigen und schwierigen Prozeß machen. Dieses Ritual kann bei jeder Art von Verlust vollzogen werden, sei er nun neueren Datums oder schon längere Zeit her. Es kann sich dabei um den Tod eines Partners, eines Freunds oder Familienmitglieds handeln, um den Verlust einer Arbeitsstelle, den Verlust der Unschuld nach sexuellem Mißbrauch als Kind, Trauer um ein altes Fahrrad, das nach zehn Jahren gestohlen wurde...

Wichtig ist, daß der Ritualleiter sich darüber im klaren ist, welch ungeheuer intensive Erfahrung das Zulassen von Gefühlen der Trauer sein kann. Deshalb versuchen die Menschen auch, sie zu vermeiden. Mit diesem Ritual wird ein Moment geschaffen, in dem der Verlust, welcher Art auch immer, in seiner ganzen Intensität greifbar wird. Sei deshalb gefaßt darauf, was dich erwartet, und frage dich ehrlich, ob du einer Gruppe von Einzelpersonen, die tiefen Schmerz empfinden, wirklich beistehen kannst.

Halte dieses Ritual auf jeden Fall am Ende eines Kurses ab, wenn die Teilnehmer bereits gelernt haben, sich gegenseitig zu vertrauen und die anderen um Hilfe zu bitten.

Material: Bevor mit dem Ritual begonnen wird, mußt du ein »Monument« errichten oder von den Teilnehmern errichten lassen. Unter Monument verstehe ich so etwas wie eine Konstruktion aus starken Ästen in Form eines kleinen Turms, Tipis oder ähnlichem, das im Freien aufgestellt werden und dort eine Weile stehen bleiben kann. Zu seiner Herstellung brauchst du starke Äste oder Bambusstecken, eine Säge oder andere Schneidewerkzeuge und einen starken Zwirn oder Schnur.

Die Teilnehmer brauchen Papier und Stift, um sich auf das Ritual vorbereiten zu können.

Darüber hinaus müssen (etwa faustgroße) Steine und lange Schnüre hergerichtet und vor Beginn des Rituals neben den Turm gelegt werden.

Der Ritualleiter braucht ein Musikinstrument oder ein Lied, das er während des gesamten Rituals verwenden kann.

Vorbereitung: Das Trauermonument muß errichtet werden. Das kann mehrere Stunden dauern. Teile dir die Zeit deshalb entsprechend ein. Baue es an einem Ort auf, wo es möglicherweise mehrere Monate oder gar Jahre stehenbleiben kann. Der Turm sollte mindestens anderthalb Meter hoch sein, kann aber auch höher sein, etwa bis zu drei oder vier Metern.

Die Teilnehmer werden ein paar Stunden zur Vorbereitung brauchen. Während dieser Zeit können sie ruhig mit Stift und Papier dasitzen. Was sie aufschreiben sollen, ist zwar einfach, nimmt jedoch die Gefühle sehr stark in Anspruch. Sie sollen beschreiben, wie ihr Leben verlaufen wäre, wenn sie den Verlust nicht erlitten hätten. Jemand, der seinen Partner verloren hat, kann beschreiben, wie die Jahre gewesen wären, die sie noch zusammen verbracht hätten. Jemand, der sexuell mißbraucht wurde, kann beschreiben, wie sein Leben verlaufen wäre, wenn er es wagen würde, anderen Menschen zu vertrauen, anstatt immer nur auf der Hut zu sein. Dieses verlorene Leben, dieses verpaßte Glück ist es, worüber wir trauern. Wenn man wirklich mit dem in Berührung kommt, was man verloren hat, ist der direkte Kontakt zu dem Gefühl des Schmerzes hergestellt, und er kann ausgedrückt werden.

Erkläre vor Beginn des Rituals klar und deutlich, wie es aufgebaut ist und was von jedem bei dem Ritual erwartet wird. Teile den Teilnehmern mit, was sie aufschreiben sollen und daß während des Rituals jeder von ihnen gebeten werden wird, etwas zu erzählen, vorzulesen, zu singen oder irgend etwas anderes zu tun, das seiner Trauer Ausdruck verleiht. Bitte sie, wenn sie an die Reihe kommen, laut und deutlich zu sprechen. Sie müssen sich aber nicht unbedingt ihrer eigenen Worte bedienen, sondern können auch einen Text aus einem Buch oder ein Gedicht wählen, solange er ausdrückt, wie sie sich fühlen.

Sorge dafür, daß nach dem Ritual eine Art Empfang vorbereitet wird, bei dem Kaffee, Tee und Süßigkeiten angeboten werden. Das gemeinsame Essen und Trinken bildet einen guten Abschluß für das Ritual, genau wie nach einer Beerdigung (oder jedem anderen gesellschaft-

lichen Ritual). Du kannst es als eine Art Büffet vorbereiten und danach vielleicht noch ein Lagerfeuer machen.

Plane die Zeit gut. Die Abenddämmerung, wenn die
Sonne gerade untergeht, ist eine der schönsten Zeiten,
um dieses Ritual abzuhalten.

Das Ritual: Alle versammeln sich um den Turm. Der Ritualleiter begrüßt erst die Teilnehmer und dann die vier
Himmelsrichtungen, die vier Elemente und die anwesenden Geister. Der Ritualleiter bittet auch die Natur drumherum um ihre Mithilfe und erklärt ihr, was
bei dem Ritual passieren wird. Jeder Teilnehmer hält
seinen Text bereit und wird etwas davon vorlesen. Danach wird der Zettel zusammengefaltet und an einen
Stein gebunden. Dann wird der Stein an den Turm ge-
hängt. Bitte den Wind, den Regen und die Sonne das
Papier langsam zu zersetzen. Bitte die Erde, die Papier-
reste in sich aufzunehmen. Bitte die Kräfte der Natur,
die Trauer und den Schmerz des Teilnehmers aufzunehmen und sie in Fruchtbarkeit und Wachstum zu
verwandeln.

Setzt euch nach dieser Eröffnungszeremonie um den
Turm herum. Der Ritualleiter singt oder spielt das Lied,
das später, wenn die Teilnehmer ihre Zettel an den Steinen festbinden und an den Turm hängen werden, jedesmal wiederholt wird. Jetzt steht der erste Teilnehmer
auf und erzählt etwas von dem, was er aufgeschrieben
hat, liest ein Gedicht vor oder singt ein Lied. Wenn er
damit fertig ist, nimmt er ein Stück Zwirn und bindet
seinen Zettel an dem Stein fest und hängt ihn an den
Turm. Während er das tut, spielt oder singt der Ritualleiter das Lied. Wenn der Teilnehmer ganz fertig ist
und wieder an seinem Platz sitzt, kann die nächste Person aufstehen und zum Turm hingehen. Wenn alle
durch sind, geht ihr gemeinsam zu dem Büffet. Manche
wollen vielleicht etwas länger bei dem Turm verweilen.
Das ist kein Problem, aber als Ritualleiter sollte man sie

im Auge behalten. Wenn sie zu lange dort bleiben, gehe hin und hole sie.

Ursprünge: Während meiner Therapiegruppen erhalte ich in meinen Träumen oder über andere Wege oft Botschaften, die für den Programmablauf wichtig sind. Einmal bekam ich während eines langen, intensiven Kursprogramms in Frankreich, an dem Männer und Frauen teilnahmen, die als Kinder sexuell mißbraucht worden waren, die Information, jeder solle seine Lebensgeschichte aufschreiben, und zwar so, wie sie verlaufen wäre, wenn er nicht mißbraucht worden wäre. Als ich diese Botschaft erhielt, wußte ich nicht so recht, wie ich sie ins Programm einbauen sollte und machte erst einmal gar nichts damit. Doch gegen Ende der Gruppe kamen mehrere Leute auf mich zu und sagten, eines der schwersten Dinge sei für sie, den Verlust zu akzeptieren, den sie vor so langer Zeit erlitten hatten. Sie trauten sich nicht, diesem Schmerz direkt ins Auge zu sehen, weil sie Angst hätten, von ihrer Trauer überwältigt zu werden. Es war klar, daß ein Trauerritual angesagt war. Als ich anfing, mir darüber Gedanken zu machen, sah ich plötzlich vor meinem geistigen Auge das Bild eines hohen Turms, der in den Himmel aufragt, und dem die Trauer anvertraut werden konnte. Aber wie könnte man Menschen, die mir gerade erklärt hatten, sie trauten sich nicht, Schmerz zu empfinden, dazu bringen, so etwas zu tun? Um etwas loszulassen, muß man es erst einmal haben. Plötzlich ging mir auf, wie ich die Information, die ich zuvor erhalten hatte, umsetzen konnte. Aufzuschreiben, wie das Leben gewesen wäre, hätte der Mißbrauch nicht stattgefunden, war eine Art Umweg, über den die Leute mit dem in Kontakt kommen konnten, was sie verloren hatten. So entstand dieses Ritual. Ich baute einen hohen Turm. Er steht heute immer noch an dem Ort, an dem ich ihn damals aufgebaut habe. Von dem Turm hängen viele

Steine mit zerbröselndem Papier, das von der Sonne aus-
gebleicht ist. Viele Menschen aus verschiedenen Gruppen haben das Ritual an diesem Ort vollzogen. Er heißt
der *Trauerturm*.